다음 페이지부터는
한 광고인이 겪은 3,650일이 담겨 있다.
광고를 잘 만들고 싶은 당신이라면
다음 페이지로 넘길 것을 추천한다.
아니라면 그냥 덮어라.

습관은 실천할 때 완성됩니다.

좋은습관연구소가 제안하는 42번째 습관은 "광고 기획자의 습관"입니다. 대구에서 시작해서 지금은 전국구 광고회사가 된 빅아이디어연구소. "아 그 집? 그 집 광고 좀 달라..."라며 광고주들끼리 먼저 공유하고 찾는 회사입니다. 이곳의 대표이자 기획자인 김종섭 작가는 지금의 자신이 있기까지 "씽 크 디퍼런트"가 아닌 "저스트 두 잇"이 중요했다고 고백합니다. 아마도 현란 한 크리에이티브 기술만 얘기했다면 책은 나오지 못했을 것입니다. 누구보 다 발칙한 광고를 많이 만드는 그의 조금은 우직한 기획 이야기를 들어보겠 습니다.

우리는 모두 "기획자이자 마케터"다. 그런 시대에 살고 있다. 김종섭 대표의 경험이 담긴 이 책으로 좋은 광고를 만드는 "기획자(마케터)의 습관"을 만나보길 진심으로 바란다.

- 한국공공마케팅연구원 탁훈식 원장


김종섭 소장은 같은 광고인이라도 쉽게 생각하지 못하는 광고를 만든다. 그래서일까? 그의 남다른 아이디어를 사랑하는 광고주가 많다. 독창적인 아이디어가 필요하다면 꼭 읽어보라고 권하고 싶다.

- <브랜드로 산다는 것> 저자 김진향


"크리에이티브가 약하면 콘셉트를 팔고, 콘셉트가 약하면 크리에이티브를 팔아라"는 말이 있다. 광고는 기획과 제작을 아우르는 종합적인 상업 예술이다. 김종섭 대표는 그 무대를 진정 즐길 줄 아는 분이다.

- <하루 10분 마케팅 습관> 저자 흑상어쌤


"대체 이 광고를 만든 사람은 누구지?" 김종섭 대표의 광고를 보고 그랬다. 보이지 않는 고객의 욕망을 이처럼 쉽게 풀어낼 수 있는 사람이 얼마나 있을까? 무엇보다 재미난 책이라는 점도 잊지 않고 강조하고 싶다.

- <그래서 학원 마케팅> 저자 그래서노벰버

그가 만드는 광고는 늘 사람들 시선을 사로잡았고, 입소문이 났으며, 여러 소상공인과 자영업자를 살려냈다. 광고를 사랑하는 진정한 광고인의 인사이트가 담긴 책이다.

- 월급쟁이부자들(주) 기획PM 박하연

"오~?(어떻게 이런 생각을)"했던 나에게 "아~!(이렇게 되는 거구나)"하는 깨달음을 가져다준 책이다. 광고의 창의성과 실현 과정을 세심하게 풀어낸 책이다.

- <SNS 마케팅 글쓰기> 저자 유선일

이 책은 다양한 산업 분야에도 적용되겠지만, 외식업을 하는 우리 같은 사람이 봐도 좋다. 김종섭 소장의 말처럼 요리만 잘한다고 가게가 대박 나는 것은 아니다. 경영은 또 다른 문제다. 크리에이터와 경영자 사이의 "균형"을 읽을 수 있어서 좋았다.

- 스톡홀름샐러드 구교찬 대표

*idea*

# 기획력이
# 쑥
# 커집니다

## 광고 기획자의 습관

김종섭 지음

*idea*

좋은습관연구소

# 서문

'어떻게 하면 광고를 잘 만들 수 있을까?'

2013년 창업 후, 늘 나를 따라다닌 문장이었다. 그때부터 동종 업계에 계신 분들과의 만남을 주저하지 않았다.

다들 '크리에이티브가 없으면 광고가 아니다' '남다른 시선을 가져야 한다'라고 입바른 말을 했지만 그 속에서 HOW는 발견할 수 없었다. 입으로 시작해 입으로 끝나기 매우 쉬운 업이기도 한 것이 광고다. 나는 무모하지만 증거를 만들고 싶었다. '광고는 창의적이어야 한다'라고 말하기 전에 '창의적인 광고를 만들면 그만이다', '광고는 시선이 남달라야 해'라고 말하기 전에 '남다른 광고를 만들면 그만이다'를 실천하고 싶었다.

그런 의미에서 이 책은 그간 실천의 증거다.

사실, 광고를 잘 만드는 것과 광고회사를 운영하는 건 또 다른 문제다. 또 광고를 잘 만드는 것과 광고인으로 잘사는 것 역시도 매우 다른 문제다. 운이 좋은 건지 나쁜 건지 나는 이 세 가지를 동시에 경험했다. 그래서 좀 더 균형 잡힌 실천을 할 수 있지 않았나 싶다. 크리에이티브만 생각한 것도 아니고, 이윤만 생각한 것도 아닌 균형 말이다.

강연을 통해 전국을 다니며 광고가 필요한 분들과 소통을 해왔다. 하지만 오프라인 강연만으로는 한계가 있었다. 광고 때문에 힘들어하는 소상공인과 중소기업인 그리고 브랜드 관리자들, 그들의 간절한 눈빛이 이 책을 쓰는 계기를 마련해 주었다.

이 책은 광고를 잘 만드는 일의 순서와 아이디어를 내는 방법 그리고 광고인으로서 잘사는 습관으로 구성되어 있다. 현재 마케팅에 종사하시는 분들께서 보시면 좋겠지만 모두가 마케터인 시대인 만큼 광고인이 아닌 분이 봐도 좋다.

이 책을 집어든 분들이라면 하는 일은 다르겠지만, 자신을 끊임없이 마케팅하는 분이라는 공통점을 갖고 있을 것이다. 그런 당신에게 도움이 되었으면 좋겠다.

# 차례

## 3부 / 광고인으로 잘사는 습관(커리어)

# 1부.
# 광고 잘 만드는 습관
# (프로세스)

# 01

**광고 의뢰서 요청**

# 가장 솔직할 때
# 가장 정확한 진단이 가능

"김밥, 1분 안에 말아 드립니다!" VS. "롤스로이스는 당신의 넥타이 컬러를 유심히 봅니다."

김밥 한 줄을 주문하면 한국에서는 1~2분을 넘기지 않는다. 반면 롤스로이스는 많게는 2년 가까이 소요되기도 한다. 물론 김밥 한 줄과 차 한 대 제작을 비교할 수 있겠냐만 여기에는 중요한 공통점이 있다. 바로 '고객이 진짜 원하는 것'이 무엇인지 파악하는 것이다.

처음 광고회사를 창업했을 때, 이 부분이 미숙했다. 그때는 광고 의뢰를 받으면 고객의 요청을 듣고 원하는 대로 제작해주는 수준이었다(창업 초반, 우리 회사에 광고를 의뢰하는 기업은 10명 미만의 직원이 있는 병원이나 소기업이 주를 이뤘다). 당연히 문제가 생길 수밖에 없었다. 지금 생각해보면, 좀 더 깊숙한 니즈를 보지 못한 채 고객이 말하는 걸 옮기는 것에 불과했다. 결국 커뮤니케이션의 오류나 방향성의 차이가 발생하지 않을 수 없었다.

진행을 하다 보면, 고객의 말은 달라진다. 아니, 달라질 수밖에 없다. 스티브 잡스의 말처럼 고객은 자신이 무엇을 원하는지 모.른.다. 광고 의뢰를 할 때와 광고 기획안을 볼 때가 달랐다. 광고회사 입장에서는 일이 되게 하려면, 의뢰인의 마음을 정박시키는 것이 중요했다. 그렇게 해서 만든 것이 "광고 의뢰서"였다.

자신의 생각을 글로 써보면 묘하게도 정리가 된다. 머릿속의 실타래가 풀린다. 이것이 광고 의뢰서의 실질적인 기능이다. 고객의 마음을 정박시키는 용도이기도 하지만 가장 중요하게는 고객의 '마음 정리' 역할을 한다. "우리에게 요청하기 전에 먼저 자신의 마음을 정리하세요"라는 의미가 있다.

고객의 마음이 정리되고 정박되면 광고회사는 편하다.

고객 또한 마음이 가벼워진다. '내가 이렇게 요청서를 써드리면 이렇게 만들어주시겠구나'라고 인식한다. 의뢰서에는 이런 내용이 포함된다. "당신 브랜드의 장점은 무엇인가요?" "시장에서 차별화된 역량은 무엇인가요?" 이런 정성적인 질문에서부터 예산과 작업 기간을 확인하는 정량적인 질문도 있다.

의뢰인은 의뢰서를 쓰며 생각을 정리하고, 광고회사는 의뢰서를 읽으며 고객의 마음을 본다. 이 과정은 마치 병원에서 환자를 진료하는 것과 비슷하다. 가슴이 답답해 점집을 찾은 사람의 하소연을 듣는 것과도 같다. '이 브랜드는 여기가 아파서 왔구나, 여기가 병들어 있구나, 어떤 약을 처방해주어야겠구나.' 이런 것을 파악하는 시간이 의뢰서를 읽는 시간이다.

사실 모든 의뢰를 다 받진 않는다. 만약 그런 회사가 있다면 일을 잘하는 곳이 아니다. 고객의 브랜드가 가지각색이듯 광고회사도 전문 분야라는 게 있다. 온라인 마케팅에 강점이 있는 회사가 있는가 하면, 오프라인 마케팅에 강한 회사가 있다. 브랜딩을 잘하는 회사가 있는가 하면, 콘텐츠 마케팅에 강한 회사가 있다. 물론 종합광고대행사도 많지만 여러 분야를 골고루 잘하는 회사는 흔치 않다. 그래서 광고회사끼리 협업해서 프로젝트를 진행하는 것이 의뢰인에게는 더 큰 도움이 될 때도 있다.

광고 의뢰서를 받아든 회사는 무엇을 할까? 회의에 돌입한다. 시각디자인 팀, 영상 팀 등 실제 제작에 참여하는 직원들을 모아 광고 의뢰서를 검토한다. 병원에서 환자 케이스로 회의하고, 법무법인에서 사건 케이스로 회의하는 것과 똑같다. 회의에서는 우리 회사와 결이 맞는 브랜드인지, 우리 회사와 협업했을 때 시너지를 일으킬 수 있는 브랜드인지를 살핀다. 창업하고 느낀 것인데 일을 하는 것만큼 일을 하지 않는 것도 중요하다. (이 책에서 얘기하는 브랜드는 회사, 병원, 기관의 제품, 서비스 등을 말한다. 고객에게 유무형의 가치를 제공하는 상품 전부를 말한다.)

광고는 상업주의의 '꽃'이라고 했던가. 아무래도 예산과 같은 물리적인 부분을 간과할 수 없다. 광고 예산으로 1억 원을 쓴다면 3~4억을 벌고 싶은 것이 고객의 마음이다. 하지만 몇 배의 효과를 발휘할 솔루션이 명확하게 보일 때도 있지만 그렇지 않을 때도 있다. 보이지 않을 때는 무리해서 수주하지 않는다. 괜히 광고회사 배만 불려줬다는 뒷이야기를 듣기 싫어서다. 결과적으로 서로에겐 잘못된 만남이 된다.

광고 의뢰서 작성에 대한 팁을 주자면 최대한 있는 그대로 작성하도록 유도하는 것이 중요하다. 너무 솔직하게 쓰면 우리 브랜드의 문제점이 업계에 소문이 나는 거 아니냐고 우려해서 일부러 예쁘게 꾸미는 광고주가 있는데 틀린 생각이다. 잘못된 상황(팩트) 전달은 잘못된 광고 전략으로 이어진다. 광고회사 앞에서는 발가벗어도 좋다고 말해주어야 한다. 가장 솔직한 모습일 때 가장 정확한 진단을 내릴 수 있다. 어찌 보면 너무 당연한 말 아닌가.

# 02

# 진짜 좋은 광고는
# 진짜 좋은 미팅에서 나온다

의뢰인의 고민이 도착했다. 한두 장짜리의 광고 의뢰(요청)
서이지만 절대 가볍지 않다. 사업자의 피, 땀, 눈물이 들어
있어 무척 무겁다. 퇴직금을 모아 차린 치킨집, 열심히 직
장 생활을 하며 모은 돈으로 도전한 카페 창업 등 읽다 보
면 손과 머리가 무거워진다. 하지만 최대한 감성은 배제한
다. 이성의 눈으로 요청서를 읽어야 한다. 그래야 일이 된다.

　아이러니하게도 광고주는 이미 자신의 문제점을 알고
있다. 다만 광고를 통해 세련되게 풀어가는 방법을 모를

뿐이다. 이 과정은 마치 마음이 아파 심리 상담을 받는 것과 비슷하다. 내담자는 자신의 문제점을 알고 상담소를 찾는다. 그다음은 어떻게 되는가? 누군가가 내 고민을 들어주는 것만으로도 마음이 반은 풀린다. 광고 의뢰 역시도 마찬가지다. 요청서를 쓰는 것만으로도 긍정적인 기분이 든다. 마음속 고민이 글로 다시 한번 정리되기 때문이다.

우리 회사는 대표인 내가 광고 의뢰 요청서를 가장 먼저 확인한다. 그 후, 직원들에게 넘기는데 내가 캐치하지 못한 부분이나 내가 생각지 못한 의견을 내놓을 때도 있다. 당연히 한 사람이 보는 것보다 여러 사람이 보는 것이 낫다. 똑같은 것을 보면서도 사람들은 서로 다른 생각을 한다. 예를 들어 우리 앞에 돼지가 있다. 똑같은 돼지를 보고도 누군가는 '돼지' 누군가는 '돼지고기'를 생각한다. 아이디어 역시 그렇다. 브랜드의 똑같은 문제를 보더라도 그것을 풀어낼 방법은 모두 다르다. 이것이 광고의 재미이고 미학이다.

일의 '결'도 봐야 한다. 브랜드 역시 사람이 만드는 것이라 창업자를 닮을 수밖에 없다. 창업자의 아이덴티티가 고스란히 담겨 있는 것이 브랜드이다. 그래서 우리는 광고주의 '결'을 중요하게 본다. 아무리 뛰어나고 매력적인 광고주여도 우리와 결이 맞지 않으면 일을 맡지 않는다.

광고 의뢰서만 보고 그 대표의 결을 어떻게 아느냐고 반문할 수 있다. 그렇지 않다. 의뢰서에는 그 대표의 결이 고스란히 묻어난다. 대표가 직접 쓰지 않아도 마찬가지다. 직원이 대신 쓴 의뢰서라도 브랜드를 보고 의뢰서를 보면 창업자의 캐릭터가 그려진다(검색 등으로 몇 가지 확인을 더 한다).

이제, 광고주와 미팅을 할 차례다. 코로나 때는 비대면 미팅을 했지만 뭔가 2프로 부족한 느낌이 있었다. 줌으로 아무리 열심히 강의해도 청중과 아이컨택, 커뮤니케이션 스킨십이 부족한 것처럼 말이다. 그래서 아무리 작은 회사의 광고주라 할지라도, 반드시 한 번은 미팅하려 한다.

광고주가 있는 회사를 방문해서는 광고 의뢰 요청서에서는 보지 못하는 직원들의 표정, 회사의 분위기 심지어 회사의 청결 상태 등을 본다. 좋은 환경 속에서 일하는 기업이 매력적인 브랜드를 만들 것으로 생각하기 때문이다.

명함을 주고받을 때는 비즈니스 매너의 첫인상이 결정되는 순간이다. 한 번은 대학을 막 졸업한 스타트업 팀과 미팅하는데 황당한 경험을 했다. 명함 교환 때는 서로 자리에서 일어나는 것이 원칙인데, 나는 서서, 그 대표는 앉아서 명함을 받는 게 아닌가. 더 황당한 건 사전에 제공한 우리 회사 포트폴리오를 커피 받침대처럼 쓰고 있었다. 아무리 매력적인 아이템으로 비즈니스를 한다고 해도 이런 태도를 보면 아이디어가 뚝 끊어지고 만다. 결국 그 팀과는 그것이 마지막 미팅이 되었다. 비대면 미팅과 다르게 대면 미팅은 광고주에 대한 많은 단서를 준다. 그것이 광고주의 '결'이다.

결을 알아가는 것만큼이나 중요하게 파악하려는 것은 광고주의 마음이다. 자신의 브랜드가 어디가 어떻게 아픈지, 어떤 문제를 갖고 있는지 광고주의 입을 통해 들으려 한다. 이런 이유로 미팅 때는 광고주에게 말을 많이 시키는 편이다. 그러다 보면 "내가 이런 말까지는 안 하려고 했는데…"라면서 마음속 깊은 생각까지 털어놓는다.

광고 미팅 역시 사람과 사람의 만남이다. 그게 일 때문이든 돈 때문이든 사람과 사람이 만나는 관계에 행복이 빠질 수 없다. 더 행복하고자 일하는 것이고, 광고주와 광고회사도 더 행복하고자 만나는 것이다. 광고에 대한 정의가 많지만 나는 광고(넓은 광, 알릴 고)가 널리 알리는 행위를 통해서 행복을 퍼뜨리는 것으로 생각한다. 그래서 매너를 갖추고 솔직히 대화하는 것은 광고를 의뢰한 사람이나 광고를 의뢰받은 사람이나 모두가 해야 하는 일이다. 좋은 광고를 하고 싶다면 좋은 미팅을 가져야 한다. 나는 매번 미팅 전 이 문장을 곱씹어 본다.

"Back to the Basic."

# 03

**아이디어 수립과 채택**
# 다수결보다 자신을 믿는 선택

놀이터로 가는 시간이다. 어떤 놀이터냐면 '생각의 놀이터'다. 여기서는 마음껏 뛰어노는 것이 가장 중요하다. 어떠한 제약도 없이 자유롭게 말이다. 난 수염이 난 어린이가 되려고 한다. 어린이에게는 편견이 없다. 규칙도 없다. 박스에 갇힌 생각도 하지 않는다. 생각이 우주에까지 닿기도 한다. 아무도 상상하지 못했을 말도 아이들은 한다.

아이디어 회의실로 어린아이가 된 채 들어간다. 나는 물론이고 동료들도 들어온다. 회의실은 엄청난 공간이 된다. 정현종 시인은 〈방문객〉이라는 시에서 사람이 온다는 건 실은 어마어마한 일이라고 했다. 그 사람의 과거와 현재와 미래가 함께 오는 것이라고 했다. 한 사람의 일생이 오는 것이라고 했다.

공격적인 인생을 산 친구는 공격적인 아이디어를 내고, 감성적인 삶을 산 친구는 감성적인 아이디어를 낸다. 자신만의 아이덴티티가 분명하게 표현되는 시간이다. 그래서 회의 시간이 참 즐겁다. 다만, 간과해서 안되는 것은 회의실에 들어올 때 충분한 자료 조사가 선행되어야 한다. 광고를 의뢰한 브랜드가 어떤 상황에 빠져 있는지, 어떤 문제가 있는지 명확하게 파악하고 들어와야 한다. 광고주가 기록한 광고 의뢰 요청서에만 의존해서는 안 된다. 눈에 보이는 자료를 통해 눈에 보이지 않는 진실에 접근해야한다. 어린아이와 같이 순수한 마음으로 접근하되 뱀과 같은 예민한 감각과 신중함이 필요하다. 지혜로운 머리가 필요한 곳이 회의실이다.

이제 이 글을 읽는 당신이 가장 궁금한 부분이 왔다. 다양한 아이디어를 어떤 방식으로 고르는지 말이다. 많은 분이 다수결이라는 민주주의 방식을 예상할 것이다. 실제로 광고주 앞에서 그동안 준비한 아이디어를 발표하는 날, 그런 리더를 자주 본다. 직원들을 불러모아 가장 좋은 아이디어에 손을 들어보라는 식 말이다. 하지만 가장 비겁하고 최악의 방법이다. 누구나 다수가 좋아하는 아이디어가 가장 좋은 아이디어라 생각하지만 광고에서는 전혀 그렇지 않다.

언젠가 웃지 못할 마케팅 조사 사례가 있어 소개한다. "당신은 건강에 좋은 햄이 나온다면 구입할 의사가 있으신가요? 식용 색소를 넣지 않은 이 햄의 색깔은 흰색입니다." 이 조사에서 대부분의 사람은 구입 의사가 있다고 밝혔다. 하지만 실제로 햄이 출시되었을 때 결과는 어땠을까? 다른 햄들과 섞여 있는 흰색 햄은 전혀 맛있어 보이지 않았다. 색소를 쓰지 않아 흰색이지만 다른 햄보다 건강하다고 알렸는데도 판매는 신통치 않았다.

이런 것을 보면 스티브 잡스가 시장 조사를 하지 않았다고 하는 것이 이해가 된다. "사람들은 당신이 보여주기 전까지는 무엇을 원하는지 모른다." 그의 말은 마케팅에서 엄청난 명언이다. 광고 기획안 역시 마찬가지다. 사람들은 어떤 아이디어가 좋은지 사실 잘 모른다. 솔직하게 의사를 밝히지도 않는다. 우리나라 사람들은 타인의 시선에 민감하다. '내가 이 아이디어가 좋다고 손들면 남들이 나를 어떻게 볼까?' '내가 좋아한 아이디어가 채택되었다가 이 광고가 실패하면 내 책임이 아닐까?' 등을 생각하다가 정작 자신의 의견에 대해서는 입도 뻥긋하지 못한다.

창업 초반에는 나도 직원들의 다수결 의견을 따르기도 했다. 그러나 결과는 좋지 않았다. 앞서 설명한 이유들 때문이었다. 다수결로 선택된 아이디어는 그저 무난한, 아무에게도 비난받지 않을 것 같은 리스크가 없는 것이었다. 리스크가 없으니 얻는 것이 있을 리가 없다. 비난할 여지가 없으니 자연스럽게 선택되었으나 사람들에게는 금방 잊히는 광고가 되었다.

몇 번의 실수 후 나는 철저히 다수결의 원칙을 배척했다. 내가 직접 아이디어를 골랐다고 발표하고 광고주도 그렇게 설득했다. 물론 객관성, 바이럴 가능성, 낯섬 같은 몇 개의 기준을 갖고서 말이다. 그리고 선택했으면 오로지 나의 생각이 맞다고 여기고 밀고 나갔다. 선택한 마음이 흔들리지 않으려고 부단히 노력했다.

세상에는 남의 말을 듣고 성공한 사람보다 자신을 믿고서 성공한 사람이 훨씬 많다. 광고 역시 그렇다. 나를 믿어야 한다. 그러니 리더의 역할이 광고계에서는 특히 중요하다. 감이 떨어지는 리더라면 안 좋은 아이디어를 선택하고, 결과적으로 나쁜 결과를 낳는다. 이것은 광고회사의 리더에게만 해당되진 않는다. 광고주(리더)에게도 해당되는 얘기다.

# 04

**프레젠테이션**

# 프레젠테이션할 때
# 챙겨야 할 두 가지

대구에 위치한 곽병원의 광고 기획안 발표날, 몇 달 동안
준비한 아이디어를 소개하는 날이었다. 당시 내가 판단한
곽병원의 문제는 진료과목에 대한 인지가 낮다는 것이었
다. 곽병원은 지역 사회에서 오랫동안 봉사 활동을 펼쳐오
는 등 선한 이미지를 갖고 있지만 그것이 오히려 단점이
었다. 강렬함보단 선하고 약한 이미지 같은 게 있었다. 종
합병원으로서는 가지면 안 될 단점이었다.

나는 곽병원의 포인트를 '곽'이라는 글자로 잡기로 했

다. 곽병원의 '곽'에 힘을 주어 '꽉'이라는 글자를 만들었다. 그런 다음 '꽉' 단어가 붙은 조형물을 만들고, 그 안에 진료 과목을 쓴 공을 넣어두자는 아이디어를 냈다. 예를 들어 이번 달에는 '꽉'안에 '관절'을 쓴 공을 넣어두고, 다음 달에는 '건강 검진'을, 그다음 달에는 '위염'을 넣는 방식이었다. 그렇게 진료 과목을 '꽉'과 매치시킨다면, 다양한 진료를 하고 있다는 사실을 알릴 수 있을 것 같았다. 그리고 여러 질병을 "꽉"잡는다는 의미도 알릴 수 있다고 생각했다.

드디어 몇 달 동안 준비한 아이디어를 발표하는 날, 광고주인 원장님은 곽병원의 강당에 각 과의 의사분들을 총집합시키셨다. 나는 '꽉' 조형물의 아이디어를 차근히 설명했다. 하지만 다들 석연치 않은 듯한 표정으로 나를 보았다. 그 순간 '위염' 글자가 붙은 축구공을 꺼냈다. 아침 출근길에 챙긴 아들 녀석의 축구공이었다. 스크린 화면으로 띄운 '꽉' 조형물 안에 축구공을 갖다 대면서 설명했다. 그리고 매월 이런 퍼포먼스를 해야된다고 한 번 더 강조했다. 그 순간 발표를 지켜보던 의사, 간호사분들이 폰을 들어 사진을 찍기 시작했다.

만약, 그날 아침에 내가 축구공을 챙기지 않았다면 어땠을까? 그냥 말로만 설명했다면 어땠을까? 장표 한 장으로만 설명했다면 아이디어가 사람들에게 와 닿았을까? 내가 말하고 싶은 것이 바로 이거다. 똑같은 아이디어라도 어떻게 발표하느냐에 따라 반응은 다르다. 광고주가 광고에 대해서 아무것도 모른다는 생각을 하고 최대한 쉬운 언어와 몸동작으로 아이디어를 전달해야 한다. '쉽게 이해시키는 것'이 발표 현장에서 가장 중요한 첫 번째 요소다. 내가 가져간 공은 그들의 상상을 눈앞의 현실로 바꿔주는 매개체였다.

그럼, 두 번째로 중요한 것은 무엇일까? 우리 팀이 얼마나 이 브랜드에 대해 깊이 사랑하고 있는지 알려주는 것이다. 나는 프레젠테이션하는 날이 오면 마치 사랑 고백을 하러 가는 날처럼 생각한다. 내가 얼마나 이 브랜드를 사랑하는지 증명하는 날이며 오매불망 기다려온 고백의 날이라고 생각한다. 이렇게 생각하면 발표 자리가 매우 쉬워진다. 나의 사랑을 증명하기만 하면 되니까. 하지만 브랜드를 사랑하지 않은채 이익 관계로만 접근하면 상대방은 금방 눈치챈다. '이 사람은 나를 사랑하지 않고 있구나.' 그래서 프레젠테이션 날만큼은 마음을 다해 나의 사랑을 전달한다.

사실 발표하는 광고 기획서에는 쓴소리도 있다. '왜 이렇게 브랜드 관리를 못 하고 있어?' '너희는 참 문제가 많은 브랜드야'라는 내용도 있다. 문제를 진단하고 해결책을 제시하는 것은 광고회사에서는 피해 갈 수 없는 운명이다. 쓴소리를 해야 하니 우리 입장도 그리 흔쾌하지만은 않다. 괜히 광고주의 심기를 건드려 계약이 안 되면 어쩌지, 하는 걱정도 한다. 그럼에도 중요한 것은 브랜드가 올바른 길을 가는 것이다.

프레젠테이션에 나서는 길이라면 꼭 두 가지를 챙겨라. '쉬운 표현'과 '사랑'. 이 두 가지만 있어도 광고 기획이 오케이 될 확률은 매우 높아진다.

# 05

제작
# 디테일하게 집착하되
# 그 과정은 즐기자

"종섭, 빅 아이디어의 가치는 1달러에 불과해."

미국 유학 시절 나의 광고 스승께서 해주신 말씀이다. 무슨 의도일까 싶어 선생님을 응시했다. 광고를 가르쳐 주는 학교에서 광고 아이디어의 가치가 1달러에 불과하다고 말하다니, 이게 무슨 해괴망측한 이야기인가 싶었다. 선생님의 다음 문장은 이랬다.

"그것을 실행하지 않는다면 말이야."

아무리 멋진 아이디어라도 실행하지(제작하지) 않는다면

무의미하다는 뜻이다. 인생의 모든 일이 그렇다.

요즘 유튜브를 열면 가장 많이 들려오는 말이 뭘까? '월 1,000만 원 벌기' '45세에 은퇴해 경제적 자유 누리기' 같은 것이다. 많은 사람이 영상을 보지만 그 영상을 대하는 태도는 제각각이다. 누군가는 이제는 실천이다는 생각에 유튜브 시청을 중단하고 영상의 조언대로 실행에 옮길 준비를 한다. 하지만 또다른 누군가는 다시 유튜브 영상속으로 빠져들면서 아무것도 하지 않은 채 이 채널 저 채널 떠돌기만 한다.

광고도 그렇다. 끝없는 시장조사, 치열한 경쟁사 분석, 불꽃 튀기는 아이데이션을 거쳤어도 막상 만들지 못하면 아무것도 아닌 게 된다. 모든 사용 설명서는 다 나와 있다. 디자인 팀에서 스케치한 콘티가 있고, 기획팀에서 작성한 광고의 톤 앤 매너 가이드도 있다. 요리로 따지면 정확한 레시피가 다 나와 있다. 하지만 제작이라는 것은 매우 예민한 영역의 일로 막상 시작하면 똑같을 수가 없다. 어떤 이미지를 쓰느냐에 따라, 어떤 배우가 연기하느냐에 따라, 점 하나 컬러 하나의 차이로 전체적인 느낌은 달라진다. 그래서 제작에서 디테일은 필수다.

광고 카테고리에 따라서도 디테일은 달라진다. 똑같은 책상 이미지라도 공부가 잘될 것 같은 것이 있고, 그렇지 않은 것이 있다. 실제로 찍어서 쓸 수도 있고, 이미지 사이트에서 다운로드 해도 된다. 조금 번거롭더라도 실제로 원하는 대상을 직접 찍어 쓰는 것이 광고 퀄리티를 높이는 방법이다. 요즘은 인공지능을 이용해 원하는 이미지를 단숨에 다운로드할 수도 있지만 광고주를 위한 맞춤이라고 보긴 어렵다.

동영상의 퀄리티 조정은 더 어렵다. 이미지 광고는 시간 흐름과 상관없이 멈춰진 이미지 한 장뿐이지만 동영상에는 시간 요소가 들어간다. 배우의 동작, 카메라의 각도, 조명, 촬영 장소 등이 각자의 시간을 갖고 움직인다. 광고 디렉터(책임자)는 이 모든 것들을 조합해 통일된 하나의 목소리를 만든다. 단 하나의 메시지로 모두가 합창할 수 있도록 조율해야 한다.

최근에는 힘을 주지 않은 광고가 트렌드다. SNS 대중화로 인스타그램 릴스라든지 유튜브 쇼츠와 같은 장르가 그렇다. 그래서 전문가만이 아니라 누구나 광고를 만든다. 당장 핸드폰을 들고 촬영한 다음 직접 편집도 가능하다.

실제로 온라인에서 바이럴 되는 영상을 보면 완성도(전문성) 보다 아이디어가 더 강력한 것들이 많다.

영화에는 배우들의 대사 애드리브가 있다. 애드리브는 현장에서 결정된다. 광고도 제작 현장에서 더 좋은 아이디어가 나올 때가 있다. 상품 이미지를 선명하게 보여주자고 했다가 모자이크로 가려두는 게 더 임팩트 있겠다 생각될 때가 있다.

제작은 지난한 과정이지만 디테일하게 집착하되 과정은 즐겼으면 좋겠다. 언제든 나의 애드리브가 전세를 바꾸는 한방이 될 수 있다. 그렇게 생각하다 보면 즐거운 아이디어가 갑자기 불쑥 하고 눈앞에 나타난다.

# 2부.
# 광고 기획 잘하는 습관
# (아이데이션)

# 06

# 광고는
# 빛(생명)을 불어 넣는 일

브랜드의 이름을 짓는 순간 운명이 결정된다. 어느 정도는 말이다. 나는 그렇게 믿는다.

전 세계에서 가장 유명한 기업 중 하나가 된 테슬라의 사례를 보자. 테슬라는 원래 일론 머스크가 갖고 있던 이름이 아니었다. 새크라멘토에 사는 어느 직장인의 소유였다. 그러나 일론 머스크는 테슬라에 꽂혀 소유주를 끈질기게 설득했다. 결국 75,000달러(한화 1억 원)에 이름의 소유권을 가져온다. 오늘날의 우리가 알고 있는 테슬라의 탄생이다.

네이밍 작업은 매우 중요하다. 이런 이유로 광고 의뢰를 받을 때, 브랜드명을 최대한 깊숙이 바라본다. 프로파일러들이 범죄 증거를 보면서 단서를 찾으려는 것처럼 말이다.

네이밍 고민이 있는 병원에서 연락이 왔다. "W병원이 광고를 잘 만들던데… 그 광고를 만든 사람 좀 찾아봐요"라고 병원장 지시가 있었다고 했다. 그렇게 보광병원 홍보팀 부장님은 나를 찾아왔다.

보광병원의 경쟁 브랜드는 이름과 발음이 유사한 '보○병원'이었다. 심지어 같은 달서구(대구)에 있어 사람들이 늘 헷갈려 했다. 이 문제는 웃지 못할 에피소드를 양산했다. 보광병원에 가자며 택시를 타면, 엉뚱하게 경쟁 병원인 보○병원에 데려다주는 일이 비일비재했고 그 반대도 많았다. 이름과 발음이 유사하니 브랜드 정체성조차 비슷해 보였다.

처음 광고 의뢰를 받았을 때, 나는 이 문제만 해결해도 대성공이라는 생각이 들었다. '이름 속에서 어떤 단서를 찾을 수 있을까?' 그렇게 고민하다가 경쟁사와 다른 한 글자에 주목했다. 바로 '광'자 였다. 한국 사람에게 '광'자는 빛을 떠올리게 한다. '빛'은 다시 무엇을 떠올리게 할까? 당연히 희망, 긍정, 생명, 환희 등이다. 보광이라는 이름은 경쟁 병원보다 상대적으로 발음이 어려웠는데, 오히려 '광'자로 문제 해결을 할 수 있을 것 같았다.

광고가 무서운 것이 보광병원에 빛이 있고 희망, 긍정, 생명, 환희가 있다고 하면, 경쟁 병원에는 마치 그것이 없는 것처럼 느껴진다는 점이다. 우리 광고주의 병원에는 희망과 긍정을, 경쟁 병원에는 반대 이미지를 심어줘야 한다(경쟁 병원에는 죄송한 얘기지만). 그렇게 쓴 카피가 "허리에 빛이 온 날, 보광"이다. 그냥 "허리에 빛이 온 날"이라고 짧게 카피를 써도 되지만 카피만 유명해지고 정작 브랜드 이름은 생각이 안 나는 광고를 만들 순 없었다. 그리고 "빛이 왔다"라는 말을 생명이 왔다는 의미로도 볼 수 있었다. 의료 광고 심의 관계상 "생명이 왔다"라고 직접 표현할 수는 없어서, 일단 이렇게 정하고 주변 반응을 살폈다.

나는 어떤 브랜드의 광고를 맡게 되면 최대한 많이 말하고 다닌다. 사람들 반응 속에 답이 있는 경우가 많기 때문이다. 보광병원 광고를 이렇게 만들려고 한다고 주변 사람에게 말할 때마다 내가 가장 많이 들었던 말은 "빛 광?"

이었다. 그런 다음 어디 비슷한 병원이 있다며, 그 병원 이름은 뭐냐고 물어보는 일이 많았다. 그래서 나는 카피 속에 '빛'과 '광'을 더 강조하기로 하고 글자에 색을 입혔다. '허리에 빛이 온 날, 보광' '관절에 빛이 온 날, 보광'으로 카피를 확정했다.

병원 광고를 보면서 늘 갖던 의문점이 있었다. '왜 의사들이 팔짱을 끼고 근엄한 표정을 지을까?' '왜 항상 최신 의료기기 도입!이라는 자랑이 들어갈까?'라는 생각. 안 그래도 웃을 일이 없는 요즘인데, 병원 광고조차 스트레스를 주는 것처럼 느껴졌다. 보광병원의 광고를 맡으면서는 이 부분을 확실히 풀고 싶었다.

유머를 생각하고 '광'자를 더 강조하고 싶다는 생각을 하는 찰나, 화투의 '비 광'이 떠올랐다. 병원 광고에 화투라니! 대한민국 병원 광고 중 화투가 등장하는 것은 처음이지 않을까, 생각했다. 그리고 이어지는 전략으로 병원 이름을 과감하게 노출하지 말자고 생각했다. 보광병원이라고 텍스트를 노출하는 것이 아니라 '광' 자를 지우고 그 자리에 민머리 모델 얼굴만 넣자는 아이디어였다. 그러면서 광고주가 컨펌해 줄까를 고민했다. 그런데 놀랍게도 광고주는 병원이라는 권위를 벗어버리고 우리 기획을 존중해주었다. 광고안을 통과시켜준 것이었다.

광고회사는 이럴 때 사기가 하늘을 찌른다. 어떤 좋은 크리에이티브가 나오더라도 광고주가 컨펌해주지 않으면 세상 빛을 보기가 힘들다. 그러나 보광병원에서는 우리의

생각을 있는 그대로 존중해 주었다. 또 다른 멋진 기획안
으로 광고주의 아량? 흔쾌함?에 보답하고 싶을 정도였다.
이런 말이 있지 않은가. 사람은 자기를 인정해 주는 사람
에게 목숨을 건다고.

　　이렇게 대한민국 최초로 화투가 들어간 병원 광고, 이
름이 노출되지 않은 병원 광고가 세상 빛을 보게 되었다.

지금도 병원은 '빛의 병원, 보광 병원'이라는 콘셉트로 유튜브 쇼츠에 도전 중이다.

브랜딩을 정의하는 말 중 '브랜드에 생명력을 불어넣는 일'이라는 표현을 가장 좋아한다. 나는 보광병원에 '빛'을 불어넣고 싶었고 용케도 그 제안이 받아들여졌다. 그리고 감사하게도 그 빛이 지금까지도 꺼지지 않고 있다. 성공하는 브랜드는 이렇게 조금씩 성장해 간다.

07 /

# 광고주보다 더 만족시켜야 할
# 단 한 사람

대구에서 범어네거리는 매우 상징적인 장소이다. 우리나라에서 가장 넓은 교차로 중 하나이며 주변으로는 부촌이 인접해 있다.

특정 기관을 중심으로 관련 일을 하는 가게나 사무실이 밀집해 있는 경우가 있다. 통상 무슨 무슨 거리라고도 하고, 무슨 무슨 타운이라고도 한다. 범어네거리는 법조타운으로 유명하고 주변으로는 변호사, 법무사 사무실이 즐비하다.

평소에 알고 있던 곳이 있거나 누군가에게 소개를 받

은 곳이 있으면 모를까, 그렇지 않다면 수많은 사무실 중한 곳을 선택하는 것은 결코 쉬운 일이 아니다. 새로 오픈하는 사무실이 간판을 화려하게 달거나, 사무실 이름을 특이하게 짓는 이유도 선택에 어려움을 겪는 분들에게 자신을 돋보이게 하려는 전략 때문이다. 하지만 선택의 가치가 크거나 잘못 선택했을시 입게 될 대가가 크다면, 현장에서 간판만 보고 아무 사무실에 들어가지는 않는다. 그래서 신생 업체이거나 새롭게 도약을 준비하는 중견 업체라면 이 허들을 넘어서기가 보통 어려운 일이 아니다. 법무법인 동승도 비슷한 고민을 하고 있었다. 10년에 가까운 업력을 가진 중견 업체로 한 단계 더 도약해야 하는 니즈가 있었다. 그래서 아는 사람 소개만으로는 한계가 있고, 좀 더 적극적으로 고객을 유치해야 했다.

고객 유치라는 관점에서 대부분의 법무법인들은 '신뢰성'을 키워드로 사용한다. 예를 들어 '의뢰인을 가족같이 생각한다'든지, '의뢰인의 삶을 끝까지 책임진다'와 같은 누가 봐도 전혀 믿기지 않을 워딩으로 경쟁한다. 어떤 분야든 신뢰가 가장 중요한 것은 분명하다. 돈이 오가는 사이에 신뢰가 없다면 어떻게 일을 맡기겠는가. 하지만 신뢰가 중요하다고 있는 그대로 '신뢰'라고 말하는 순간, 진짜 '신뢰'는 깨져버린다. 김변호사도 이변호사도 모두가 신뢰를 말하니, 더 이상 신뢰가 신뢰있는 메시지로 들리지 않는다.

광고주인 동승을 범어동에서 가장 다른 법무법인으로 만들고 싶었다. 모든 변호사가 신뢰를 말할 때, 전혀 다른 메시지를 말하는 팀 말이다. 그 단어가 무엇인지 찾아야 했다. 그렇게 해서 찾은 단어는 '편의점'이었다. '법무법인'이라는 단어의 이미지는 어떤가? 왠지 무겁고 문턱이 높을 것 같다. 뭔가 절차가 복잡하고 까다로울 것 같다. 그리고 한 번 가면 1~2천만 원은 그냥 깨질 것 같다. 이런 이미지부터 바꾸고 싶었다. 왜 법무법인은 편의점 가듯 편하게 가면 안 되나? 편의점에 가는 것처럼 슬리퍼를 신고는 갈 수 없을까? 생각은 꼬리에 꼬리를 물었고, 그렇게 "법률편의점"이라는 콘셉트가 탄생했다.

문제는 광고주를 설득하는 것이었다. 기획하는 것만큼이나 광고주를 설득하는 것이 중요하고 어렵다. 당연히 난항이 예상되었다. 동승의 변호사님들은 처음 광고 의뢰 시 나에게 고급진 콘셉트를 원했다. 하지만 아무리 봐도 동승의 변호사님들은 서민적(?)이었다. 옆집 아저씨 같은 느낌인데, 어떻게 우아한 콘셉트를 욱여넣겠는가. 편의점이라는 콘셉트도 변호사님들이 너무 편한 느낌이었기 때문에 나올 수 있었다. 콘셉트에 대한 격한 반발이 예상되었지만 이때 기획자는 '내맞나따'의 정신을 가져야 한다. '내가 맞으니 나를 따라오시오'는 광고를 만드는 사람에게 매우 필요한 정신이다.

기획안 프레젠테이션 날, 대표 변호사님 방으로 나머지 여섯 분의 변호사분들이 모였다. "오래 기다리셨습니다. 법무법인 동승의 새로운 콘셉트는 바로 법률편의점입니다." 여기저기서 탄식이 쏟아졌다. 표정은 어두웠고 눈살을 찌푸리는 것도 보였다. 죽을 둥 살 둥 공부해서 사법고시 패스하고 혹은 로스쿨 시험 봐서 겨우 변호사가 되었는데 편의점이라니, 내가 편의점 점주? 뭐 이런 생각을 하는 것 같았다. 그러나 나는 논문심사에서 여기저기를 지적하는 교수님의 공격을 방어해야 하는 학생처럼 기획안을 어필하기 시작했다.

"범어네거리의 모든 법무법인이 '신뢰'라는 한 단어로 싸우고 있습니다. 우리도 그런 비슷한 말을 하면 결국 작은 파이를 나눠 먹는 싸움밖에 되지 않습니다. 우리는 전혀 다른 단어를 사용해야 합니다. 피터 틸의 『제로투원』이라는 책 내용처럼, 다들 똑같은 곳을 향해 가는 길에서 우리는 돌아서서 전혀 다른 길을 가야 합니다. 경쟁하지 말고 독점해야 합니다."

창과 방패의 대결처럼 광고주와 나는 서로의 의견을 오펜스하고 디펜스했다. 다행스럽게도 시간이 흐를수록 내 의견에 힘을 실어주는 분이 하나둘 나오기 시작했다.

"소장님 말씀에 공감이 가는 게 요즘 편의점에는 없는 게 없더라고요. 진짜 편한 마음으로 가니 그런 법무법인 하나 있어도 좋겠네요." "이 기획안은 우리가 반대할 수 없을 것 같아요. 서울에서 내려온 프랜차이즈 법무법인부터 작은 법률사무소까지 전부 신뢰 싸움을 하고 있으니 우리는 아예 다른 콘셉트로 가도 좋을 것 같아요."

이렇게 대세는 점점 기울고 있었다. 그리고 2차로 이어진 가벼운 맥주 타임에는 GS25 콘셉트이냐 이마트24 콘셉트이냐를 두고 열띤 토론을 벌이는 분도 있었다. 속으로는 무척 기뻤지만 내색하진 않았다. 마라톤 회의를 거쳐 모두로부터 오케이 사인을 받긴 했지만 막상 컨펌을 받고

나니 엄청난 허무감이 밀려왔다. 그날 내 기억으로는 오후 5시에 시작한 미팅이 밤 10시가 되어서야 끝난 것 같다. 법무법인 사무실과 집까지는 지하철역 두 정거장 거리였는데, 그냥 집까지 뚜벅뚜벅 걸어왔던 기억이 난다.

"내가 무엇을 위해서 남의 삶에 이렇게 관여를 하는 걸까?" "왜 항상 나는 남이 반대하는 일을 하는 걸까?" "왜 항상 남을 설득해야 할까?" 가슴 속 회한이 깊게 밀려왔다. 집으로 돌아오는 길이 왜 그렇게 외로웠는지 모르겠다. 차라리 내 기획안이 거절당했다면 덜 외로웠을까? 온갖 생각이 나를 괴롭혔다.

여전히 많은 광고회사들이 광고주를 만족시키려 안간힘을 쓴다. 하지만 이 전략은 반은 맞고 반은 틀리다. 광고인이 진짜 만족시켜야 할 대상은 클라이언트(광고주)의 클라이언트(고객)이다. 의뢰인을 만족시키는 것보다 더 중요한 것이 의뢰인(광고주)의 의뢰인(고객)이다.

현재 법률편의점 콘셉트의 틱톡 영상으로 동승은 제법 인기 있는 법무 법인이 되었다. 법률 콘텐츠가 지루하다는 인식을 갖고 있지만 만 회가 넘어가는 콘텐츠도 나오기 시작했다. 만약 의뢰인의 요청대로 기품 있는 콘셉트로 갔다면 유튜브나 틱톡 시장에서 완전히 외면받았을지도 모른다.

광고주를 만족시키는 것보다 광고주의 고객을 만족시키는 것에 신경을 더 써야 한다. 그리고 그렇게만 된다면 광고주 역시 자연스럽게 만족하게 되어 있다. 지금 당장 잃는 것 같은 느낌이 들때 두려움이 엄습한다. 그러나 잃는 것이 있어야 얻는 것도 생긴다. 마케팅의 세계는 그렇게 복잡 미묘하다.

08 /

# 자랑도 기획할 수도 있나요?

광고라는 것이 자화자찬 같은 성격이 있다. 보통은 남이
내 자랑을 대신 해줘야 격이 올라가겠지만, 내 자랑을 직
접 하는 것도 얼마나 샤프하고 세련되게 하느냐에 따라
얼마든지 달라질 수 있다. 뛰어난 광고 기획자란 바로 이
런 일을 잘하는 사람이다.

　'K-아이웨어'를 홍보해 달라는 의뢰를 받았다. 한국안
광학산업진흥원에서 만든 브랜드인데, 서울시의 'SEOUL,
MY SOUL'처럼 한국 안경을 자체 브랜딩한 것이다. 도
시 브랜드나 산업 브랜드의 경우 특정 상품이나 브랜드를

광고하는 것과는 사뭇 다르다. 구체적인 물성을 갖고 있지 않거나, 반대로 여러 물성을 갖고 있어 특별히 연상되는 이미지가 없을 때도 있다. 또 브랜드명이 트렌드를 쫓아 만든 조어인 경우도 많다. 그래서 단일한 속성을 갖고 있는 브랜드를 광고하는 것보다 좀 더 복잡하고 난이도가 있다.

이번 일에서 나는 네이밍에 대한 반감이 조금 있었다. 바로 K라는 알파벳 때문이었다. K팝 인기 이후 여기저기 K가 너무 많이 남발되는 것 같았다. K푸드, K영화, K패션 등등 뭐만 하면 K를 붙이는 게 마음에 들지 않았다. "한국 브랜드라 K를 쓰는 건데 뭐가 잘 못 되었나요?"라고 반문할지도 모르겠다. 하지만 문제는 단어의 힘이다. 아무리 좋은 단어도 너무 많이 쓰다 보면 힘이 빠져 버린다. 너무 많은 사람의 손을 타다 보니 마치 바람 빠진 풍선처럼 사람들에게 힘을 주지 못한다고 느꼈다.

내 마음에 들든 아니든 일단 네이밍은 이미 주어졌다. 내가 할 일은 한국의 안경이 세계 속으로 뻗어 간다는 것을 기획해 사람들에게 알리는 것이었다. 기획할 때는 메시지에만 집중해서는 안 된다. 똑같은 콘텐츠라도 어디에서 노출되느냐에 따라 임팩트는 달라진다. 노출되는 장소의 특징까지도 잘 고려해야 한다.

우리가 만들게 될 광고의 노출 장소는 서울역이었다. 서울역은 어떤 곳인가? 가장 먼저 떠오르는 이미지는 사람들이 바쁘게 지나가는 모습이다. 서울역에서 천천히 걸어가는 것은 죄악이다. 그런 공간에 설치하는 광고인만큼 한 방에 이해시켜야 한다. 2초 이상을 기대하는 건 몹쓸 짓이다. 그렇다면 광고 기획의 과정은 이렇게 흘러간다.

① 서울역은 사람들이 빨리 지나가는 공간이지.
② 그럼 한 장으로 빡! 메시지를 전달해야겠군.
③ 이미지에 힘을 줄 것인가? 카피에 힘을 줄 것인가? 고민되네.
④ 매우 심플한 그림으로 힘을 주자.
⑤ 거기에 카피로 메시지를 정박시키자.
⑥ 안경에 대한 광고니 안경이 등장해야 한다.
⑦ 한국의 안경이 뻗어간다는 내용이니 앞으로 나가는 무언가가 있으면 좋겠다.
⑧ 전진하는 건 비행기, 자동차, 자전거 등이 있지.

⑨ 안경이 자전거 바퀴처럼 생겼으니 안경을 자전거처럼 표현하자.

⑩ 자전거를 타고 쌩~하고 재미있게 나아가는 모습(일러스트)을 연출하자.

⑪ 일러스트가 자화자찬이 주는 어색함을 덜어줄 거야.

⑫ "세계로 진출합니다. 한국의 안경" 카피 정박으로 작업 끝!


자화자찬에 능숙한 사람은 없다. 왠지 부끄럽고 입이 안 떨어진다. 그러나 지금은 자화자찬에 익숙한 브랜드가 성공한다. 유튜브에 나오는 기업 브랜드이건 개인 유튜버이건 모두 자신만의 방식으로 자랑을 한다. "우리가 이렇게 멋진 기업입니다." "내가 이렇게 입담이 좋습니다." 하지만 명심하자. 자랑(자화자찬)의 성공과 실패는 내가 아닌 상대방이 결정한다.

광고는 매우 미묘해 광고 속 단어 하나, 이미지 한 장 차이로 브랜드 호감도가 상승하기도 하락하기도 한다. 그래서 카피를 문어체로 쓸까? 구어체로 쓸까? 고민하기도 하고 의문형으로 쓸까? 평서문으로 맺을까? 며칠씩 고민하기도 한다.

역설적인 예지만 국밥집에 있는 욕쟁이 할머니를 떠올려 보자. 분명 내 얼굴에 대고 쌍욕을 시전하고 있지만 듣는 내내 웃음만 피어난다. 욕이 기분 나쁘게 들리지 않고 오히려 푸근하게 느껴진다. 자랑도 마찬가지다. 상대가 "또 지 자랑이네. 재수 없어"하는 것이 정상이지만 그것조차도 푸근하게 들리도록 해야 한다.

이렇듯 좋은 광고는 미묘한 균형을 맞출 수 있어야 한다. 자랑이지만 재수 없지는 않게, 겸손하기만 하면 기억에 남지 않으니 적당히 어필할 것. 이런 냉탕과 온탕을 적절히 섞어야 광고는 생명력을 발휘한다. 뜨거운 아이스 아메리카노가 현실 세계에서는 존재하지 않지만 광고에서는 필수인것처럼 말이다.

**09**

# 브랜드 가치를
# 단숨에 올리는 법

마케팅은 내가 파는 것의 가치를 높이는 싸움이다. 시장에 유일무이한 제품은 거의 존재하지 않는다. 모두 비슷한 제품과 서비스를 경쟁자와 함께 팔고 있다. 이 싸움에서 승리하는 사람은 자신의 가치를 높게 포장해서 판매하는 사람이다. 우리는 늘 가치에 목숨을 건다. 광고 역시 마찬가지다. 광고주는 내게 찾아와서 "돈 좀 벌게 해 주시오"라고 말하지만 결국 "우리 브랜드의 가치를 올려주세요"라고 말하는 것과 다르지 않다.

가치 교환은 마케팅의 기본이다. 소비자는 자신의 선

택(구매)이 합리적이라면 다음과 같이 말한다. "그래! 내가 산 이 상품은 그만한 가치가 있어!(가치 교환에 성공했어)"

푸른병원이라는 곳에서 연락이 왔다. "소장님, 사실은 저희가 화상전문병원입니다. 그런데 광고를 많이 하는 다른 병원 때문에 사람들은 오히려 그곳을 화상전문 병원으로 인식해요."

당연한 말이다. 사람들은 진실을 믿지 않는다. '진실처럼 보이는 것'을 믿는다. 믿어야 할 것을 믿지 않고, 믿고 싶은 것을 믿는다. 소비자는 합리적인 결정을 내리지 않는다. 이성적인 사고를 하고 합리적인 선택을 하는 게 인간이라고 믿고 싶지만, 알고 보면 지극히 감성적이고 비이성적인 결정을 하는 것이 인간이다.

푸른병원의 하소연을 듣고 보니 이 역시 가치의 문제라는 생각이 들었다. 전문병원이 비전문병원보다 당연히 더 나은 가치가 있겠지만, 소비자의 감성에도 호소할 수 있도록 가치를 올리고 싶었다. 전문, 비전문을 떠나 화상을 입으면 바로 푸른병원이 떠오르도록 하고 싶었다. 더 나아가 불을 보기만 해도 푸른병원이 떠오를 정도가 되면 대성공이지 않을까 하는 생각이 들었다.

이런 작업을 의뢰받을 때 내가 쓰는 기술(?)이 하나 있다. 그 산업에서 가장 브랜드 가치가 높은 것을 가져와 나의 광고주 브랜드에 입혀 버리는 것이다. 일명 '거인의 등에 올라타기' 기술이다. 접근법은 이렇다. 화상병원의 가치를 올리려면 불과 관련된 최고의 브랜드가 무엇일까?를 고민해야 한다. 내가 찾은 답은 119였다.

극한 상황을 한 번 가정해보자. 집에 불이 나거나 그것이 나를 덮칠 것 같다, 누가 가장 먼저 생각나겠는가? 119 대원이다. 극한의 상황에서 가장 먼저 생각나는 사람은 우리가 가장 신뢰하는 사람이다. 이제 119의 브랜드를 푸른병원과 연결하기만 하면 된다. 연결 역시도 자연스럽게 해야 사람들이 쉽게 인지한다.

내가 쓴 방법은 이랬다. 화재와 화상은 한 글자 차이다. 그러면 워딩은 자연스럽게 이런 문장으로 귀결된다.

"화재는 119, 화상은 푸른병원."

광고에서는 첫 문장이 매우 중요한데 바로 푸른병원을 말하면 사람들의 고개는 돌아간다. '빌어먹을 광고군'이라는 생각으로 말이다. 누가 봐도 맞는 말을 첫 문장에서 던져야 한다. '화재는 119'처럼 말이다. 그럼, '그래 맞는 말이지'라는 반응이 나온다. 그다음 우리가 진짜 하고 싶은 말을 꺼낸다. 화재의 '재'가 '상'으로 변화면서 119는 푸른병원으로 변신한다.

이런 광고를 계속 노출하고 배포하면 어떻게 될까? 사람들은 119와 푸른병원의 브랜드 가치를 동급으로 인식하는 지경(?)에 다다른다. 이렇게 되면 푸른병원은 화상의 이미지만 가져가는 것이 아니다. 사람들은 '불'만 보아도 푸른병원을 떠올리게 된다. 이렇게 한끝 차이로 브랜드 가치가 단숨에 올라간다.

오늘도 우리는 비즈니스를 하며 어떻게 하면 우리의 가치를 올릴 수 있을까 고민한다. 물건을 훔치는 건 죄지만 인식을 훔치는 건 무죄다.

거인을 이길 수 없다면 거인을 이용해라, 굳이 거인을 이길 필요도 없다. 그냥 거인의 어깨에 올라타기만 하면 내가 가는 길이 거인이 가는 길과 똑같아진다. 그러다 보면 다른 병원이 경쟁하자고 덤비지 못한다. 이미 내가 거인의 어깨 위에 올라와 있기 때문이다. 이것이 내가 광고 업계에서 뒹굴면서 배운 브랜드 가치를 단숨에 급상승시키는 가장 현명한 방법이다.

광고 고수는 상대와 경쟁하지 않는다. 경쟁 브랜드를 이기려 하지도 않는다. 싸우지 않고 이기는 것이 가장 멋진 승부다. 말하지 않고도 나의 진심이 잘 전달되는 것이 가장 멋진 사랑 고백이다.

# 10

# 광고는 마음속 별을 캐는 일

대구에서 광고 안 하기로 유명한 성형외과가 있다. 바로 요셉성형외과다. 그렇게 된 데에는 오직 실력으로 승부한다는 정평 때문이다. 실력이 출중한 의사들이 모였고 호경기 시절 이미지를 잘 다져두었다. 하지만 지금은 동성로(대구의 핵심 상권으로 서울의 명동 같은 곳이다)에 성형외과가 우후죽순 들어와 있다. 한 집 건너 한 집이 성형외과일 정도다. 굳이 동성로를 나가볼 필요도 없다. 스마트폰만 펼쳐도 성형외과 광고들이 나 좀 봐달라며 쏟아진다.

"맛집이라면 시골 산 중턱에 있더라도 손님이 온다"라

는 철학이 "발견되지 않으면 존재하지 않는 것이다"로 바뀐 것이 어제오늘의 일은 아니다. 광고 없이 실력으로만 버텨온 자신의 원칙을 버려야 할 때가 올 것이라고 요셉성형외과는 상상했을까? 하지만 자신들의 존재감을 더 이상 관리하지 않으면 안 된다는 생각을 하기 시작했고, 그 무렵 우리를 만났다.

잠시 눈을 감고 성형외과 광고를 떠올려보자. 어떤 이미지가 떠오르나? 이 책을 읽고 있는 당신은 신사역을 떠올릴지 모른다. 그곳은 성형외과 광고의 성지다. 코를 높이고, 안면 윤곽을 바꾸고, 쌍꺼풀을 만들고, 얼굴형을 다듬는 광고로 넘쳐난다. '성형외과 광고가 다 그렇지'라고 생각할 수도 있지만, 나는 왠지 그것이 본질이 아니라고 생각한다.

얼굴을 예쁘게 고쳐준다는 말은 모든 성형외과에서 하나같이 하는 말이니 나는 좀 더 가치 있는 것을 찾고 싶었다. 요셉성형회외과의 젊은 원장님(총 여섯 분의 원장님 중 한 분)을 인터뷰하기 시작했다. 심지어 우리 회사가 운영하는 유튜브 채널 〈부자 광고주〉에 출연시켜 성형의 본질에 대해 캐묻기도 했다. 그러자 광고 한 번 없이 오랫동안 업계

에서 살아남을 수 있는 이유가 설명될 만한 말들이 툭툭
튀어나왔다.

"성형외과를 찾는 분들은 어떤 성향이 있습니까?"

"누구나 마음속에 별이 있어요. 그런데 그것을 보지 못
하고 단점만 보려 하죠. 우리는 마음속의 별을 찾아주는
일을 합니다."

원장님의 워딩이 너무 좋았다. 성형외과 광고는 대부분
코를 높인다, 얼굴을 깎는다, 어디를 절개한다고 말하는
데 그의 말은 깊이가 있었다. 게다가 운치마저 느껴졌다.
그렇게 탄생한 카피가 "마음의 별을 얼굴에 두다"라는 문
장이었다. 생각해 보라. "코를 높이세요"라는 말은 누구나
할 수 있다. 그러나 그 가치를 감성적으로 표현할 수 있는
성형외과는 드물다.

인터뷰를 하면서 내가 느꼈던 것은 결국 성형도 누군
가를 위로하는 일이라는 것이다. 성형은 지금보다 더 좋은
삶에 대한 니즈가 있는 사람, 현실을 열심히 살아내는 사
람에게 필요한 위로다. 나는 이 힌트를 원장님이 오랫동안
기억하는 한 환자의 사례를 통해 얻을 수 있었다.

"학생 시절에 저를 찾아와서 상담을 받았던 친구가 제

일 기억에 남아요. 눈이 작아서 항상 친구들에게 놀림을 받던 친구였죠. 저랑 상담하는 내내 한 번도 제 눈을 바라본 적 없이 고개만 숙이고 있었어요. 그런데 올해 그 친구가 저를 찾아왔는데 지금은 런던에서 메이크업 아티스트로 일하고 있다고 하더군요."

외모에 대한 자신감으로 메이크업 아티스트까지 되었을지도 모른다고 생각하니, 성형은 그녀에게 엄청난 가치를 선물해 준 것이나 다름없었다. 나는 잠시 내가 의사라고 생각하고, 그 친구가 내게 찾아왔다면 무슨 말을 해줬을까 생각했다. "너는 너보다 예뻐." 당신이 생각하는 것 이상으로 당신은 예쁘다, 라는 말을 해주었을 것이다.

"나는 나보다 예쁘다"라는 카피는 그렇게 탄생했다. "나는 (울고 있는) 나보다 예쁘다. 나는 (슬퍼하는) 나보다 예쁘다. 나는 (고개 숙인) 나보다 예쁘다."

시중의 위로 에세이가 못마땅할 때가 있었다. 어설프기만 위로의 글을 사람들은 왜 좋아하는 걸까, 어떻게 이런 책이 베스트셀러이지? 그러다 작가의 인스타그램에까지도 들어가 보았다. 역시나 '오늘도 수고한 너에게'같은 진부한 글이 가득했다. 그런데 놀라운 건 그 글에 달린 댓

글이었다. "오늘도 작가님에게 위로받고 가요" "글귀 보는 순간 엄청 울었네요" 같은 댓글이 수두룩했다. 인정하지 않을 수 없었다. 작가는 누구보다 현대인의 치친 일상을 잘 이해하고 사람들을 어떻게 위로할지 잘 알고 있었다. 그렇게 볼 수밖에 없었다.

요셉성형외과의 광고를 맡으면서 많은 것을 배웠다. 그 중에서도 성형외과 의사는 고치는 사람이 아니라 위로해주는 사람이라는 것을 알게 된 것은 최고의 소득이다. 이어서 이런 생각도 해본다. 광고 만드는 사람은 브랜드가 팔리게 도와주는 사람이 아니라 뭐하는 사람일까?

# 11

## 광고의 거역할 수 없는 진리

강남역은 전쟁터다. 브랜드의 전쟁터다. 안과, 치과, 성형외과, 피부과 브랜드가 서로 자기를 봐달라고 번쩍인다. 서로 자기 병원으로 와달라고 웃으며 손짓한다. 자신의 콘셉트를 사람들에게 인식시키려 아우성친다. 메시지의 전쟁터다. 그래서 강남역에 가면 배가 고프지 않다. 메시지의 과잉으로 잠시만 걸어 다녀도 배가 부르다. 대한민국에서 가장 비싼 땅에서는 보이지 않는 전쟁이 매일같이 일어난다.

강남역의 한 성형외과의 광고를 맡게 되었다. 내가 받

은 정보는 두 가지밖에 없었다. 이름이 '장성형외과'라는 것. 그리고 안티에이징을 전문으로 한다는 것. 시작부터 어려움이 예견되었다. 강남역 전쟁터로 들어가야 했고, 그 속에서 승리해야 하는 일이었다. 게다가 의뢰받은 성형외과는 새롭게 개원하는 곳이었다. 즉, 아무런 인지가 없는 상태에서 시작하는 일이었다.

새로운 브랜드를 알리고자 할 때 나는 브랜드명에 집중한다. 히트한 광고들이 재미는 있지만 어디 광고였는지 모른다는 평을 듣는 일이 종종 있어서다. 광고를 본 사람이 "그 광고 참 멋지더라. 그런데 어디 광고였지?" 이렇게 말한다면 지옥에 빠진 거나 다름 없다. 차라리 기획이 별로였다면 덜 아쉬울 텐데 말이다. 광고주 입장에서 생각해보라. 예산을 들여 광고했는데 정작 광고만 히트하고 브랜드명을 모른다면 얼마나 답답하겠는가? 그러니 신규 브랜드의 경우, 목숨을 걸고 브랜드명을 기억시켜야 한다.

내가 해야 할 일은 심플했다. 신규 브랜드의 이름을 알리고 매출을 극대화하는 것. 매출을 극대화하려면 우선 장성형외과를 기억시키는 것이 선행되어야 한다. 브랜드명을 기억시키려면 먹힐만한 콘셉트가 필요했다.

병원이 안티에이징을 다루는 곳인 만큼 중년들에게 어필할 콘셉트이어야 했다. 고민하던 중에 우리 디자이너가 아이디어를 냈다. "중년이 가장 예쁘다"라는 카피 속에 병원 로고를 넣어보자고 했다. 카피 속에 브랜드 로고가 있다면, 콘셉트도 알리고 병원 이름도 함께 알릴 수 있다는 아이디어였다. 이거다 싶어 바로 이 콘셉트 안으로 기획안을 만들었다.

병원의 반응도 좋았다. 이후 카피는 '내가 가장 예쁘다'로 수정되어, 세상의 빛을 보게 되었다. 타깃이 '중년'이라고 명확하게 밝혀야 한다고 생각했지만 병원에서는 자칫 비구니로 희화화될 수 있다는 의견을 주었다. 기획자 입장에서는 다소 아쉬운 결정이지만 수십억 원을 들여 오픈하는 병원의 입장도 헤아려야 했다.

콘셉트 카피 속에 브랜드명을 넣어버리면 사람들이 브랜드를 인지하기 쉬워진다. 하지만 작업은 여기서 끝나지 않았다. 브랜드의 가치를 높여줄 화룡점정 같은 펀치가 더 필요했다. 이미 강남역을 선점하고 있는 타 브랜드와 싸워야 하는 상황인만큼 동급 수준으로 전쟁터에 나가봐야 이길 승산이 없다. 적어도 무기 하나는 더 있어야 했다. 광고주

손에 뭔가 비장의 카드 한 장 정도는 더 쥐여주고 싶었다.

고민하다 눈에 들어온 것은 엉뚱하게도 원장님의 외모였다. 30대 후반 원장님의 외모는 나의 '리즈 시절'만큼은 아니지만(?) 매우 미남형의 얼굴이었다. 인정하기 싫지만 잘생기고 예쁘면 광고를 하든 의사를 하든 붕어빵을 팔든 유리할 수밖에 없다.

장성형외과의 원장님을 띄워야겠다는 생각을 했다. 브랜드도 중요하지만 그 브랜드를 이끌어가는 주인공의 퍼스널 브랜딩 역시 중요하다. 그렇게 해서 다시 정리한 카피는 "오래 사는 건 신에게, 오래 예쁜 건 장진우"였다. 장진우라는 브랜드 가치를 어떻게 극대화할까 하는 고민에서 나온 카피였다. "오래 사는 건 신에게"라는 문장으로 안티에이징을 다루는 병원이라는 것도 알릴 수 있고, "오래 예쁜 건 장진우"라고 해서 오랫동안 예쁘고 싶다면 장진우 원장을 찾으라는 뜻도 담을 수 있었다. 신과 장진우를 카피 속에 함께 넣어, 신은 사람을 오래 살게 하고 장진우 원장은 사람을 오랫동안 예쁘게 하는 존재로 콘셉트팅했다.

"내가 가장 예쁘다"와 "오래 사는 건 신에게, 오래 예쁜 건 장진우" 두 개의 카피를 유튜브 쇼츠와 틱톡 영상을 만들어 노출했다. 콘셉트 덕분인지 아님 장진우 원장의 잘생긴 외모 덕분인지 조회 수는 승승장구했다. 실제로 댓글에 "원장님, 잘생기겼네요"라는 내용이 많은 걸 봐서 확실히 원장님 외모가 큰 역할을 한 것 같았다.

신규 브랜드의 런칭은 새로운 이름을 고객들에게 처음 공개하는 것으로, 광고를 만들 때 브랜드명의 강조를 놓쳐서는 안 된다. 브랜드가 호감을 얻으려면 브랜드를 만든 사람이 중요하다. 특히 잘생기고 예쁜 사람이면 무엇을 해도 더 잘할 것 같고, 도움이 될 것 같다는 이미지를 준다. 미모는 광고를 만드는 사람이 가장 잘 활용해야 하는 무기다. 거역할 수 없는 진리다.

# 12 / 광고 캠페인의 성공 조건

"당신이 말하면 나는 잊고, 가르치면 기억할지도 모르고, 경험하게 되면 나는 배웁니다."

벤저민 프랭클린의 말이다. 기획자라면 뼛속 깊이 공감하는 말이다. 광고 기획을 하다 보면 함정에 빠지는 순간이 온다. 함정에 빠지지 않으려면 다음 세 가지 마음이 필요하다.

첫 번째는 기획자인 나의 마음이다. 본인의 아이디어이니 당연히 기획안에 긍정적일 수밖에 없다. 길거리에서 캠페인을 한다면, 지나가는 사람 모두가 스스럼없이 참여해 줄 것 같다. 하지만 그렇지가 않을 때가 훨씬 많다는 걸 우리는 안다. 두 번째는 광고주의 마음이다. 광고주 마음은 조금 더 차갑다. 돈을 주고 기획안을 사는 만큼 이리저리 따져보고 평가한다. 효과가 얼마나 있을지 그동안의 감으로도 셈해본다. 하지만 결과는 알 수 없다. 기획자의 말만 믿지도 않는다. 마지막 세 번째는 고객의 마음이다. 세 개의 마음 중 가장 인색한 마음이다. 일단 고객은 광고 캠페인 자체가 싫다. 소중한 내 시간을 빼앗는 것 같고 내 지갑을 여는 것처럼도 생각한다. 그래서 도망부터 가고 본다. 이런 고객을 자리에 앉혀야 하고 내 얘기를 듣게끔 해야 하는 게 광고의 일이다. 그러니 얼마나 어려운 일인가.

첫 번째와 두 번째 마음은 우리가 노력하고 냉정해진다면 충분히 얻을 수 있는 마음이다. 하지만 세 번째는 쉽사리 얻을 수 있는 마음이 아니다. 이때 필요한 것이 앞서 인용한 플랭클린의 말이다. 광고인의 입장에서만 보면, 말하면 금방 잊고 가르치면 재수 없다고 생각하는 게 고객이다(고객님들 죄송합니다). 그러니 그들의 마음을 얻으려면 경험을 유도하는 수밖에 없다.

치과의사회의 의뢰를 받아 광고 캠페인을 기획한 적이

있다. 그들은 과잉 진료가 아니라 정직한 진료를 한다는 메시지를 사람들에게 알리고 싶어 했다. 나는 캠페인을 알리고 사람들의 참여를 유도하기 위해 '의외성'이라는 카드를 쓰기로 했다. 때마침 대통령 선거가 있었던 해라, 나는 세 명의 치과 원장님을 후보로 하는 포스터를 만들어 보았다(가상의 선거가 있다고 가정하고).

기호 1번 원장님은 치과 과잉 진료를 뿌리 뽑겠다가 공약이었다. 기호 2번 원장님은 치과 과대광고를 막겠다가 그리고 기호 3번 원장님은 튼튼 치아 강국을 만들겠다가 공약이었다. 여기까지는 특별한 '의외성'을 발견하기 힘들다. 나는 세 후보의 치아에 QR코드를 넣었다. 그런데 QR코드가 검은색이다 보니 멀리서 보면 마치 충치가 있는 것처럼 보였다. 아니, 치과의사들인데 충치라니? 사람들이 이상하게 볼 수밖에 없다. 의도한 의외성이었다.

그 다음으로 생각한 것은 '베네핏'이었다. 사람은 이익이 있어야 움직인다. 하루에도 수십 번씩 접속하는 유튜브를 생각해 보자. 즐겨 보는 콘텐츠는 분명 나에게 어떤 이익을 준다. 이런 채널에 올라오는 콘텐츠는 절대 놓치지 않는다. 우리는 아이패드를 경품으로 내걸었다. 가장 마음에 드는 공약을 말하는 후보의 큐알코드를 스캔하면 투표가 되고, 경품 행사에도 참여하는 방식이었다. 이렇게 하면 기획자 입장에서 참여자 수도 정확하게 파악할 수 있고 어떤 메시지를 선호하는지도 알 수 있다.

큐알코드를 스캔하는 액션은 비교적 간단한 행동이다. '심플'해야 사람들은 참여한다. 쉽고 단순해야 하는 것은 캠페인 기획의 진리 중 진리다. 호기심과 의외성이 담긴 이미지로 사람들의 스마트폰을 드는 것까지는 성공했지만 그 과정이 복잡하면 언제든 사람들은 그 자리를 뜬다.

또 한가지 잊지 말아야 할 것은 '장소'다. 치과의사회 캠페인의 경우, 스마트폰을 들고 투표할 만큼 단 몇 초의 여유라도 필요한 곳이어야 하고, 시간을 죽이며 기다리는 장소여야 했다(길을 걷는 사람을 멈춰 세우고 투표를 해달라고 요청하는 것은 미친 짓이나 다름없다). 그래서 우리가 선택한 곳은 버스 정류장이었다. 버스를 기다리는 1분 혹은 2분의 시간 동안 사람들은 무료함을 이기기 위해 스마트폰을 볼 것이고 그때 캠페인을 본다면 자연스럽게 투표할 것으로 예상했다.

결과적으로 약 한 달간의 짧은 캠페인 기간이었지만

600명에 가까운 사람들이 캠페인에 참여하는 성과가 일어났다. 아이패드 선물은 한 대학생에게 돌아갔다. 여러모로 운 좋게 순탄하게 진행된 캠페인이 아니었나 싶다. 운도 좋았지만 무엇보다 나는 위에 소개한 법칙(의외성, 베네핏, 심플함, 장소의 적절성)의 힘을 믿었다. 이 네 가지를 갖추지 않는다면 광고는 결코 고객을 경험까지 끌고 오지 못했을 것이다.

고객이 경험하도록 유도한다는 것은 아주 철저한 준비 없이는 안 된다. 언제든 실패할 수 있다. 잘 설계된 단계와 디테일이 더해져야 성공할 수 있다.

# 13

## 간절함은 기획의 어머니

서울 강남의 테헤란로에서 전화 한 통이 걸려왔다. 막 창
업한 변호사팀이라고 했다. 법무 법인 광고를 해온 경험이
있다 보니 당연히 사무소 광고 요청인 줄 알았다. 그런데
아니었다. 인터넷 서비스였다. 이들은 저렴한 비용으로 내
용 증명을 보내는 서비스를 개발했는데, 이를 광고해달라
고 했다. 약간 의아했다. 법무법인이라는 안정적인(?) 길을
뒤로하고 10팀 중 9팀이 망하는 스타트업을 선택하다니.
그런 의외성 때문에 나는 그들을 만나보기로 했다.

"내용 증명이 일반 시민들에게 너무 문턱이 높습니다.

비용도 부담되고요. 사실, 내용 증명은 분쟁을 피하자는 의미도 있는데 잘못 인식된 측면이 있습니다." 이것이 그들의 창업 동기였다. 정말 매력적인 이유였다.

나는 시장 파괴자를 좋아한다. 배달의 민족이 그랬고, 넷플릭스도 그랬다. 이들도 시장 파괴자일지 모른다. 어쩌면 변호사 업계에서는 이들을 싫어할지도 모르겠다. 변호사의 격을 떨어뜨린다고 말이다. 하지만 시장이 원하고 대중이 원한다면 살아남을 수 있다. 판단은 결국 시장이 한다.

역삼동의 어느 공유 오피스에서 만난 그들의 얼굴에는 간절함이 있었다. 숨소리, 제스쳐, 음성, 눈동자에 간절함이 묻어났다. 오늘 두 팔을 헬리곱터처럼 돌리지 않으면 당장 물속으로 가라앉아 익사한다는 걸 알고 있는 것 같았다. 내가 열심히 해야 한다는 것을 그들은 말 대신 행동으로 보여주고 있었다.

대구로 돌아오는 기차에 앉아 기획만 생각했다. 미친 아이디어가 필요했다. 북극곰이 떠올랐다. 만나서 묻고 싶었다. "코○콜○에서 네(북극곰) 사진을 수십 년째 무료로 쓰는데, 너는 어떻게 생각하냐?" "나랑 같이 내용 증명 보낼래?" 반려견도 생각났다. 견주가 자리를 비우는 동안 허

락도 없이 CCTV로 감시받는 게 기분 나쁘지 않으냐고 묻고 싶었다. 인권도 있지만 견권도 있다고 설득하고 싶었다. 이 외에도 다른 미친 아이디어들이 쏟아졌다.

오늘 아침도 이들은 테헤란로에서 사람들을 붙잡고 명함을 뿌렸다고 했다. 요즘처럼 무료 온라인 광고가 판을 치는 세상에 최저가 명함을 들고 거리로 뛰어나간 것이다. 간절했기 때문이다. 누가 이들의 의지를 꺾을 수 있겠는가.

간절함이 기획을 만든다고, 죽을 만큼 힘들 때가 오면 살아날 아이디어를 떠오른다고, 광고인도 마찬가지다. 광고인의 열정이 가장 불탈 때는 계약금이 가장 클 때가 아니라 응급실에 실려와 피를 토하면서 삶에 대한 간절한 눈빛을 보내는 브랜드와 마주할 때이다. 그 모습을 본다면 어떤 광고인이 허투루 일할 수 있겠는가.

간절함이 통했는지 댕댕이의 견권 보호 콘텐츠를 시작으로 우리의 기획은 조금씩 빛을 보기 시작했다. 유튜브에서 반응이 올라오기 시작했고, 관심을 갖는 사람들이 조금씩 늘기 시작했다.

스타트업의 온도는 0도다. 0에서 시작해 100도까지 가야 비로소 끓는다. 대부분의 스타트업들이 50도, 78도 심지어 99도에서 포기한다. 왜냐면 바로 앞의 100도가 보이지 않기 때문이다. 나는 이팀이 현재 몇 도인지는 모르겠다. 하지만 이들의 간절한 눈빛은 물을 팔팔 끓게 하고도 남는다. 이들이 흘린 땀은 비료가 되고 발로 걸은 길은 단단한 토양이 되어 세상에서 가장 달콤함 열매를 키워낼 것이다. 나는 그렇게 믿는다.

오늘 창업했다면 오늘부터 간절하자. 뒤에는 아무도 없다는 생각으로 버티고 버텨내자.

# 14

# 예상할 수 있는 말을
# 예상치 못한 곳에서

4,400억. 작년 보이스피싱의 피해액이다. 어마어마하다. 얼마나 많은 이들의 눈물을 모았길래 저렇게 큰 숫자가 되었을까? 누군가를 믿었던 하얀 마음이 새까만 울분으로 바뀌기에 충분한 숫자다.

제주지방경찰청의 의뢰는 이 숫자에서 시작되었다. 하지만 나는 숫자에만 집착하지 않았다. 숫자 뒤의 시민의 먹먹함을 먼저 보았다. 내가 먼저 피해자가 되어 보기로 했다.

전화를 받았다. 지금 급하게 돈을 보내지 않으면 사랑

하는 부모님이 수술을 못 받는다고, 생명이 위험하다고, 그러다 누가 죽을지도 모른다고 한다. 또 이런 전화도 받는다. 누군가가 내 계좌를 범죄에 이용하고 있으니 모든 돈을 출금해야 한다고 그리고 그 돈을 검찰로 보내야 한다고.

망치로 머리를 한 대 얻어맞은 듯하고, 눈앞은 한밤중처럼 캄캄하다. 지금 이들이 말하는 대로 하지 않으면 어떻게 되는 걸까? 혹시 사랑하는 가족이, 힘들게 모은 나의 자산이 송두리째 사라지는 건 아닐까? 생각이 꼬리에 꼬리를 물고 이어지다 보니 어느새 은행 앞까지 와 있다. 그리고 ATM기 앞에 섰다. 그래 이곳이다. 보이스피싱 예방광고를 설치할 곳은 바로 은행의 ATM 창구다.

가장 단순한 이미지가 필요하다. 손이 떨리고 눈이 떨리는 사람에게 복잡한 이미지는 금물이다. 한눈에 봐도 보이스피싱을 의심해볼 단순한 시각적 장치가 필요하다.

피싱을 표현하기 위해 낚싯줄을 가져왔다. 그런데 낚싯줄은 천장에 매달려 있다. 그리고 돈을 낚는다. 돈의 뒤편에는 그 사람이 정말 들어야 할 목소리가 있다.

"보이스피싱은 의외의 곳에서 당합니다."

이것만으로는 부족하다. 혼이 쏙 빠져나간 사람을 타겟으로 하는 만큼 좀 더 의외성을 노려야 한다. 그래야 주목을 끌 수 있다.

천장이다. 그 사람에게는 지금 하늘이 노랗게 보일 테니 천장에 불완전한 이미지를 두자. 뭐야? 여기 공사 중이야? 아직 천장 마감도 안 한 거야? 이런 생각이 들도록 말이다. 하지만 이 메시지는 그 사람을 향한 것이다. 함부로

송금하지 말라고. 당신은 속은 거라고.

이번 광고에서 우리가 쓴 카피는 진부하다. 누구나 쉽게 떠올릴 법한 문장이다. 하지만 이런 진부한 말도 나이아가라 폭포에서 하느냐, 뉴욕의 타임스퀘어 옥상에서 하느냐에 따라 임팩트가 달라진다. 광고인도 진부한 이야기를 할 수 있다. 하지만 어디에서 하느냐가 더 중요하다. 누구나 할 법한 예상 가능한 메시지이지만 아무도 예상하지 못하는 곳에서 하면 진부함은 사라진다. 100점짜리 광고는 아니라도 합격점은 받을 수 있다.

지금 우리 브랜드의 얘기를 진심으로 들려주고 싶은 소비자가 있다면, 진심으로 다가가고 싶은 고객이 있다면, 그 말이 '사랑해'처럼 진부한 말이어도 상관없다. 어디에서 그 말을 할 것인지만 생각해보자. 장소에 따라 고객의 표정은 바뀐다.

# 15

# 진짜 좋은 기획은
# 시대정신을 반영한다

기획에 정답이 있을까? 수학처럼 정답을 찾는 공식 같은 것이라도 있으면 좋겠다. 하지만 기획에는 그런 공식이 없다. 그래서 우리는 아이디어 회의를 할 때마다 수많은 오답을 만나려고 한다. 그나마 다행인 것은 가장 정답 같은 오답을 찾아내면 된다는 것이다. 그래서 광고주 앞에서 프레젠테이션을 하기 직전까지도 계속해서 아이디어를 찾는다. 100점짜리 아이디어인지는 모르겠으나 가장 100점에 근접한 아이디어를 찾기 위해 마지막까지 애쓴다.

인천시교육청에서 '독서 광고'를 의뢰해왔다. 사실 독

서라는 주제를 갖고서 흥미롭게 말한다는 것이 그리 쉬운 일은 아니다. 너무 정직하고 착하게 독서를 권장하는 광고를 만들면 '나를 가르치는 공익 광고구나'라며 사람들로부터 외면받는다. 반대로 튀거나 삐딱하거나 혹은 조금은 못되게 광고하면 '무슨 교육청 광고가 저래?'라는 말을 듣는다.

사실 이것보다 더 힘든 것은 우리나라 사람들의 독서에 대한 관심이다. 3년 전 자료를 봤더니 1년 동안 책 한 권 읽지 않은 사람은 국민의 40%이다. 10명 중 4명은 1년에 책 한 권을 보지 않는다. 독서를 권장해야 하는 상황에서는 그야말로 좌절에 가까운 숫자다. 이들을 도대체 무슨 수로 설득시킨단 말인가.

일단 우리 팀은 최근 갑자기 인기를 끌고 있는 콘텐츠부터 찾아보았다. 유튜브로 해외 유명 관광 명소를 감상하는 것이 눈에 띄었다. 예를 들어 방구석에서 나이아가라 폭포를 구경하고 파리의 에펠탑을 구경하는 영상이었다. (코로나19로 여행 등의 이동이 자제될 때였다.)

사람들의 욕구가 새로운 것을 보는 것에 닿아 있는 것 같았다. 하지만 나는 더 무서운 것을 찾고 싶었다. 더 힘

있는 것을 찾고 싶었다. 그때 이런 생각이 들었다. "보이지 않는 것이 눈앞에 있는 것보다 더 무섭다."

눈으로 보는 영상보다 상상이 더 무서울 수 있고, 눈으로 보는 글보다 상상이 더 힘이 셀 수 있다. 방구석에서 에펠탑과 개선문을 생각힐 수 있다면, 방구석에서 밤하늘에 떨어지는 별똥별의 모습을 목격할 수 있다면 얼마나 좋을까. 그런데 그것을 가능케 하는 도구가 바로 책이라는 생각이 들었다.

책은 한 장 한 장 넘길 때마다 무한한 공간으로 독자를 끌어들인다. 돈이 없어도, 비자가 없어도, 글자에서 비롯된 상상만으로 우리는 자유롭게 가상의 공간에서 헤엄칠 수 있다. 이것이 바로 내가 생각한 책의 가치였다.

진짜 좋은 기획은 그 시대를 활용한다. 시대를 반영하는 메시지를 이용할 때, 다른 말로 시대정신을 반영할 때 기획은 힘을 받는다. 환경 오염 이슈로 세상이 떠들썩하다면 환경에 관한 콘셉트가 힘을 받는다. 경제 위기라면 경제를 말하면 힘이 세진다. 그런 생각으로 (코로나 때) 우리가 뽑은 카피는 다음과 같았다.

"독서는 가장 자유로운 여행이다."

물리적으로 책은 불에 타는 종이에 불과하지만 보이지 않는 가치에 집중하면 책은 창의성에 불을 붙여주고 호기심을 활활 타오르게 한다.

인천의 아이들이 이 카피를 가슴에 두고 살았으면 좋겠다. 정답을 암기하기 위해 책을 보는 것이 아니라 상상력이라는 자유로운 공간에서 헤엄치기 위해 책을 봤으면 좋겠다. 책은 아이들을 그곳으로 데려가는 대문 역할을 한다.

# 16

## 만들지 말아야 할 광고들

어떻게 하면 광고를 잘 만들 수 있을까? 그 질문 덕분에 우리는 만났다. 나는 그 방법을 알려주고 싶어 글을 쓰게 되었고, 당신은 그것이 알고 싶어 이 책을 구입했다. 그러나 그 전에 알아야 할 것이 있다. 광고를 잘 만드는 것만큼이나 만들지 말아야 할 광고가 있다는 사실을 말이다.

광고 일을 하면서 안타까웠던 것이 있다. 바로 광고 회사를 바라보는 사람들의 시선이다. 사람들은 우리를 화려한 말발로 자신을 현혹하는 장사꾼 정도로 볼 때가 있다. 이들 광고쟁이의 말에 속으면 안 된다는 경계심도 갖고 있다. 하지만 마냥 이들을 탓하지 못하는 것이 우리는 그동안 신뢰를 깎아 먹는 일을 너무 많이 해왔다.

고백하건데, 광고 수주를 하지 못하면 회사 운영이 위태해진다는 이유 등으로 어쩔 수 없이 되먹지 않은 제품의 광고라도 만들어야 할 때가 있었다. 인간성이라고는 찾아보려야 찾아볼 수 없는 광고주를 모시고 광고를 만든 적도 많았다. 창업 초반에 특히 그랬다. 직원에게 욕을 하는 대표, 법망을 요리조리 피해 가는 대표, 계약금으로 갑질하는 대표 등 별의별 빌런들이 많았다. 악덕 광고주가 만드는 브랜드는 안 봐도 뻔하다. 그러나 눈 한번 딱 감고 그들의 광고를 만들어주면 직원들 이번 달 월급이 생긴다. 자존심 때문에 이들과 일하기 싫은 적도 많았지만, 미팅 후 회사로 돌아오면 어김없이 직원들이 나를 쳐다보는데, 어쩔 수 없이 선택을 해야 했다.

한참 지난 얘기지만, 지금도 이 얘기를 쓰자니 급 우울해진다. 하지만 요즘은 아무리 돈이 좋다고 해도 되먹지 않은 제품을 광고로 만들어 소비자를 현혹하지는 않는다. 회사 규모가 어느 정도 커진 것도 있지만, 더 이상 내 양심을 팔고 싶진 않아서이다.

이제 본론으로 들어가 보자. 광고를 만들 때, 어떤 광고㈜를 피해야 하는지 말이다.

첫째, 타인의 슬픔을 마케팅에 이용하는 경우이다. 몇 년 전 우리를 아프게 한 아동 학대 사건이 하나 있었다. 바로 정인이 사건이다. 겨우 16개월 된 입양 아동 정인이가 양부모의 학대로 목숨을 잃은 사건이다. 전 국민이 분노하던 어느 날, 한 온라인 쇼핑몰에서 정인이 굿즈가 등장했다. '정인아 미안해'라는 쿠션, 모자, 담요가 나온 것이었다. 만들어야 할 상품이 있고 그러면 안 되는 상품이 있다. 마찬가지로 광고도 해서는 안 되는 광고가 있다. (정인이 굿즈는 팔던 업체는 이내 판매를 중단했다.)

광고를 만들 때, 소비자가 나보다 더 똑똑하다는 생각으로 작업에 임해야 한다. 정인이 굿즈를 어떤 바보가 진짜 정인이를 추모하는 뜻에서 사겠는가? 소비자는 우리 머리 꼭대기 위에 있다는 생각해야 한다.

둘째, 메뉴판 광고이다. 메뉴판 광고라니 무슨 말일까? 나는 지금까지 메뉴판에서 맛없어 보이는 음식을 본 적이 없다. 메뉴판 속 음식은 아무리 배가 불러도 계속 먹을 수 있을 것 같다. 특히 패스트푸드점에 가면 이런 시각 효과는 배가 된다. 그러나 실제 트레이에 담긴 나의 햄버거는 어떠한가? 작고 초라하다.

'왜 3분 만에 들통 날 거짓말을 하는 거지?' 그런 의미에서 버거킹에서 진행한 썩는 와퍼 광고는 시사하는 바가 크다. 다른 햄버거 브랜드가 맛있게 보이는 사진에 집중할 때 버거킹은 오히려 와퍼가 썩는 모습을 공개했다. 지금까지도 가장 기억에 남는 햄버거 광고를 뽑으라면 버거킹의 몰디 와퍼(The moldy whopper) 캠페인을 꼽는다. 기획은 이렇다.

소셜미디어에 "왜 맥도널드는 잘 썩지 않나요?"라는 포스팅이 종종 올라왔다. 버거킹은 자신들은 오히려 썩어가는 버거의 모습을 광고로 만들었다. 방부제를 쓰지 않으니 안심하고 먹으라는 메시지였다. 물론, 음식 광고에 먹음직스러운 이미지가 아니라 음식이 썩어가는 것을 보여주는 것이 과연 맞느냐고 질문할 수 있다. 그러나 내 생각은 이런 솔직한 광고로 바이럴을 만들 수 있다면, 종종 이런 이벤트를 하는 것도 괜찮다고 본다. 내가 하고 싶은 얘기는 소비자 앞에서 진실해야 한다는 것이다. 소비자를 무서워할 줄 알아야 과장하지 않을 수 있다.

위의 두 가지 명제가 윤리적인 부분이었다면 세 번째는

기술적인 부분으로 콘셉트를 정하지 않고 온라인 시장 판매에 뛰어드는 광고이다. 요즘 마케팅 문의를 하는 분들을 보면 대부분 온라인 마케팅에 대한 질문이다. 이제는 스마트폰에서 발견되지 않으면 세상에 없는 브랜드와 같으니 너무나 당연한 질문이다. 나 역시도 온라인 광고의 중요성을 매우 강조하는 편이다. 그러나 이때 우리가 잘 놓치는 부분이 있다. 바로 무기를 갖고 있느냐이다.

우리나라 5천만 인구 중 4천만이 가입했다는 네이버는 그야말로 전쟁터이다. 서로 자기를 찾아달라고, 자기를 봐달라고 아우성이다. 요즘 광고주 대표님들이 가장 바라는 것이 플레이스 노출과 블로그 상위 노출이다. 그런데 브랜드가 변변한 무기(매력적인 경쟁력, 차별점) 없이 노출만 되면 오히려 적에게 당하고 만다. 무슨 얘기냐 하면, 상위 노출이라 하더라도 경쟁 브랜드와 함께 노출되는데, 이때 경쟁에서 밀려버리면 2등 브랜드라는 인식이 굳어져 버려 회복이 쉽지 않다는 것이다. 차라리 보이지 않는 곳에 있는 것이 더 나았을지도 모른다.

소비자는 브랜드의 무기를 보고 지갑을 연다. 여기서 무기란 콘셉트다. 나는 상위 노출을 바라는 광고주에게 항상 묻는다. 전쟁터로 나갈 무기는 준비되셨냐고. 명확하게 답을 하지 못한다면, 먼저 명확하고 뾰족한 콘셉트부터 갖추라고 말씀드린다. 그래야 상위 노출이 되어도 단골이 생기고 찐 팬이 생길 수 있다.

이제 마지막 명제를 말할 차례다. 네 번째로 내가 생각하는 가장 나쁜 광고는 금방 잊혀지는 광고이다. 광고에는 수많은 사람들의 피와 땀이 들어가 있다. 광고주의 피 같은 예산과 광고회사의 절박함이 녹아 있다. 숱한 회의와 말다툼 끝에 나온 광고가 그냥 잊혀버리고 만다면 그것보다 나쁜 광고는 없다. 광고주와 광고회사의 만남이 윈윈으로 끝나지 못한다면 다시는 보지 말자며 각자의 길을 간다. 그러니 광고를 만들 때 한 번이라도 더 고민해야 한다. 나의 메시지가 잊힐 것인지 기억될 것인지 그리고 광고주의 배를 불려 줄 것인지 가난하게 할 것인지.

이상의 네 가지는 우리가 꼭 만들지 말아야 할 광고다. 이것만 하지 않아도 정말 좋은 광고를 만들 수 있다.

# 17

## 브랜드는 그 이름처럼 살아간다

샤넬이 스넬이었다면, 구찌가 구쯔였다면, 롤렉스가 릴렉스였다면 지금처럼 명품 브랜드가 될 수 있었을까? 사실 아무도 모른다. 하지만 나는 이름에 힘이 있다고 믿는 사람이다. '사람은 이름대로 살아간다'는 말이 있듯이 브랜드 역시 마찬가지라고 믿는다.

대구시 명품 빵 브랜딩 프로젝트에 참여한 적이 있다. 프로젝트를 발주한 시 관계자는 대구에서 만든 빵도 전국 어디에 내놓아도 손색이 없다며, 그걸 부각하고 싶다고 했다. 미국에 가면 프렌차이즈 햄버거 가게보다 훨씬 뛰어난

로컬 햄버거 브랜드들이 즐비하듯, 지역 브랜드를 잘 살리면 그곳만의 색과 이야기가 입혀지면서 문화가 된다. "엄마가 어릴 때 줄 서서 사 먹던 빵이야." 이렇듯 로컬 브랜딩은 서울의 세련됨과 견줄 수 없는 그곳의 역사가 된다. 나 역시 창업 후 대구에서 자리 잡았고 지역에 비해 너무 비대해진 수도권 중심의 경제 환경에 아쉬움이 있던 터라 더더욱 이 프로젝트에 참여하고 싶었다.

기획의 포커스는 브랜드 네이밍 작업이었다. 누가 들어도 대구를 상징하는 빵이라는 느낌이 드는 네임이 필요했다. 하지만 샤넬, 구찌, 롤렉스를 흉내 낼 순 없었다. 빵은 대중적인 음식이기 때문에 이름 역시도 발음하기 좋고 재미도 있어야 했다. 실제 '빵'이 들어가는 단어는 다 재미있다. 빵꾸, 빵점, 빵빵 등. 결국 네이밍 작업의 종착지는 '대빵'이었다. 대구에서 만든 빵이니 '대빵'이라고 짓는 건 너무 당연해 보였다.

하지만 늘 그렇듯 이런 기획을 설득하는 과정이 문제다. 발표 전부터 우리 팀에게 닥칠 난항이 뻔히 보였다. "품위 없게 대빵이 뭐냐"라는 교수님의 표정, "지금 이름 가지고 장난치는 거냐"라며 화내는 주무관님의 모습, "또 예산 낭

비하고 있다"는 악플이 벌써 눈에 보이는 듯했다.

어렵고 낯선 이름을 일부러 공부하며 암기하는 사람은 없다. 가장 좋은 브랜드 네임에는 이미 광고적인 요소가 담겨 있다. 그렇지 않으면 또 광고비로 엄청난 예산을 들여 광고해야 한다. 하지만 대구 빵을 '대빵'이라고 하면 누구나 쉽게 인지한다. 그리고 그 분야에서 최고라는 의미도 된다. 말 그대로 '대빵'이니까.

전문가 평가 위원회에서 나는 브랜드 네이밍의 중심에 우리가 있어서는 안 된다, 이 브랜드에 맞는 이름을 짓는 것이 중요하다, 이름을 접할 시민들에게 무게 중심이 맞춰져야 한다고 끈질기게 설득했다. 이런 우여곡절 끝에 비로소 '대빵'이라는 브랜드 네임이 통과되었다. 그리고 BI(Brand Identity) 작업도 함께 일사천리로 진행됐다.

브랜드 네임을 만든다는 것은 브랜드의 정체성을 만드는 일이다. 나는 감히 브랜드 네임을 씨앗에 비유한다. 브랜딩은 사람들의 가슴 속에 씨앗을 뿌리는 일이다. 지금 당장은 씨앗이 보이지 않지만 흙 속에 감춰져 있어 사람들 발에 밟히기도 한다. 그렇지만 알고 보면 땅속에서 때를 기다리고 있다. 그러다 때가 되면 머리를 내밀고 힘차

게 솟아올라 사람들의 마음 속 한 켠에 자리한다.

　　대빵이 그랬으면 좋겠다. 대구에 가면 꼭 대빵을 먹어
봐야 한다고 모두가 그렇게 생각했으면 좋겠다. 이름처럼
살아가는 대구의 빵이 되길 바래본다.

# 18

# 신사임당이 치실을 썼다고?

"이제 치과가 동네 편의점만큼 많아졌어요."

한 치과 원장님의 말씀을 듣고 깜짝 놀랐다. 그런데 주위를 둘러보니 진짜 그랬다.

거리에서 조금만 눈길을 돌려도 치과가 보인다. 특히 치과 간판은 노란색을 많이 써서 가시성이 좋다. 언뜻 보면 모든 치과가 비슷해 보일 정도다. 편의점만큼이나 많아진 치과는 과도한 경쟁을 하게 되고, 일부 소수 치과는 과잉 진료, 허위 광고를 하기도 한다.

내가 다니는 치과를 생각해보자. 길가다가 우연히 보이

는 치과에 들어간 적이 있는가? 보통은 가족이나 지인에게 물어보고 혹은 인터넷에서 후기를 보고 간다. 괜히 아무런 정보 없이 갔다가는 과잉 진료를 받을 것 같다. 그리고 안 써도 될 돈을 쓸 것 같다.

그렇게 생각하고 뽑았던 카피가 "칫솔이 치과다"이다. 과잉 진료를 하는 일부 치과로 인해 떨어진 신뢰도를 회복하기 위함이었다. '치과에 가서 돈 쓰는 것보다 평소 양치 습관이 더 중요하다는 말을 하네?' 광고를 보고 이런 생각이 들었으면 했다.

그런데 문제는 올해였다. 작년 캠페인은 나름 성공적이었지만 올해에는 어떤 얘기를 해야 할지 당최 떠오르지가 않았다. 하지만 문제의 본질을 보면 답은 쉽게 나온다. 메시지의 관점을 치과에 두는 것이 아니라 환자에 두면 된다. 치과를 배려하는 것이 아니고 환자를 배려하는 것으로, 치과가 하고 싶은 말보다 환자가 듣고 싶은 말을 하면 된다. 그걸 찾는 것이 중요했다.

그렇게 해서 찾은 것이 치실이었다. 하지만 작년의 칫솔에 이어 치실을 이야기하기에는 너무 진부했다. 이 진부한 소재를 어떻게 표현하느냐가 관건이었다. 치실을 두고 고민했다. 어떻게 말해야 신선하게 받아들일까? 생각의 생각이 꼬리를 물었다. 치실을 생각하니 치아 관리 습관이 생각나고, 습관이 부족하면 치과를 가게 되고, 결국은 돈을 쓰게 된다. 치실을 사용하지 않으면 결국 내 소중한 돈과 이별해야 한다.

그럼 무엇을 가져와야 가장 돈처럼 보일까? 그렇게 찾은 답이 지폐 속 위인이었다. 세종대왕을 보면 만 원이 생각나고 신사임당을 보면 오만 원이 생각난다. 너무 자연스럽다. 하지만 지폐 속 위인들은 근엄하게 입을 다물고 있지 치아를 드러내진 않는다. 하는 수 없이 위인의 얼굴에 치아를 합성해 보았다. 전혀 다른 이미지가 탄생했다. 여기에서 멈추지 않았다. 두 손을 올려 치실을 붙잡고 치아 사이에 넣는 장면까지 만들어보았다. 그러자 심지어 발칙하기까지도 했다. 여기에 카피를 덧붙여 메시지를 정박시켰다.

"나 쓸래? 치실 쓸래?"

여기서 말하는 '나'는 돈을 뜻한다. 치아를 깨끗하게 관리하지 않으면 치과에 가서 돈을 쓰게 된다는 메시지를 담은 것이다. 이 이야기를 치과의사회에서 한다고 생각하

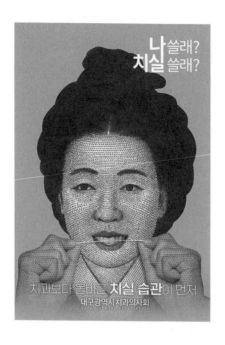

니 가슴이 두근 거렸다. 기존의 치과 광고들은 전부 자기네 치과로 오라는 손짓만 하는데, 우리는 다른 이야기를 하기 때문이었다.

　요즘 치과가 너무 많아졌다고 의사 선생님들은 푸념하지만 내 생각은 좀 다르다. 나는 치과가 미용실 같아야 한다고 생각한다. 미용실을 갈 때는 망설이지 않는다. '이 미용실이 나한테 비싸게 팔지 않을까?' '이 미용실이 나한 테 과잉 판매를 하지 않을까?' 이런 고민을 하지는 않는 다. 그래서 어느 미용실에 간들 별다른 걱정을 하지 않는 다. 치과도 그랬으면 좋겠다. 어떤 치과에 들어가도 진료 에 대한 걱정이 없었으면 좋겠다. 적어도 내가, 우리 부모 님이, 나의 동생들이 치과에 가서 과잉 진료 때문에 망설 이지 않았으면 좋겠다.

이런 내 뜻이 광고만으로 될 일은 아니다. 치과는 진심 으로 환자에게 마음을 다해 진료하고, 나는 진심을 광고판 으로 고스란히 담아내야 한다. 그리고 궁극적으로는 광고 조차 하지 않아도 되는 날이 와야 한다. 치과를 믿어달라 고 광고하지 않아도 되는 그날 말이다. 그날을 간절히 기 다려 본다. (나는 광고를 의도적으로 치과대학 앞에 설치했다. 미래 의 치과 의사들이 이런 마음으로 진료하길 바라는 마음에서였다.)

# 19

## 당사자가 되어야 보인다

어린 시절 다녔던 초등학교를 다시 가본 적이 있는가? 어른이 되어 다시 찾은 학교를 보면 깜짝 놀란다. 그렇게 컸던 학교가 이렇게 작았나?

아이였을 때는 모든 것이 커 보인다. 그렇다면 폭력은 어떨까? 말할 것도 없다. 나보다 50cm가 큰 어른은 단순히 키만 큰 게 아니다. 아이 입장에서는 거대한 산처럼 보일 수도 있고, 거인처럼도 보인다. 그런데 그런 거대한 대상으로부터 폭력을 당한다? 아이가 입을 충격은 얼마나 클까?

광고에서 이를 어떻게 표현할까 고민했다. 아이와 어른은 단순히 키 차이 정도의 관계가 아니라는 걸 보여주고 싶었다. 나는 잠시 어린 시절로 돌아가 보았다. 어른처럼 키가 크고 싶었던 시절을 떠올려 보았다. 그때 기억으로 떠오른 것은 해 질 녘 무렵 마주한 나의 그림자였다. 그림자는 어린아이가 아니었다. 3미터가 훌쩍 넘는 거인이었다.

제주경찰로부터 의뢰받은 공익 캠페인에 나는 그 그림자를 가지고 왔다. 쉐도우 아트 형식으로 말이다. 불빛이 있고 그림자가 있으니 이런 아이디어를 표현할 수 있었다.

기획은 이렇다. 낮에는 피규어와 함께 "없습니다"라는 글만 덩그러니 쓰여 있다. 하지만 밤이 되면 상황은 달라진다. 피규어 앞으로 불이 켜지면서 어른의 그림자는 실제 키보다 5배 이상 커진 거인이 된다. 그리고 집채만 한 덩치로 아이를 삼킨다. 실제 가정 폭력의 88%가 밤에 이루어진다. 낮과 밤이 다른 광고로 그것을 표현하고 싶었다. 조명을 활용해 밤이 되면 폭력은 광고의 그림자처럼 커진다는 것을 표현하고 싶었다. (이 광고는 제주안전체험관에 설치되어 있다.)

광고는 시선의 싸움이다. 다만 시선이 자기중심적이면

안 된다. 타인 중심, 그 사람 중심, 소비자 중심이어야 한다. 그 사람이 되어봐야 아이디어가 보이고 좋은 메시지가 나온다. 좋은 광고를 만들고 싶다면 먼저 그 사람이 되어야 한다. 그러면 보이지 않던 것이 비로소 보인다.

# 20

## 전문 영역의 광고일수록
## 고객의 언어로

병원 광고 의뢰 중 가장 힘든 곳이 '영상의학과'이다. 정형
외과, 치과, 안과를 생각해보라. 어디가 문제이며 치료 결
과는 어떻게 될지 명확하다. 한마디로 심플하게 인지된다.
하지만 영상의학과는 금방 상상이 안 된다.

영상의학과가 어렵게 느껴지는 건 단어 때문이다. CT
나 MRI를 찍어본 사람이야 알겠지만 그렇지 않은 사람은
여기가 뭐하는 곳인지 정확히 모른다. 이럴 때면 광고인의
고민은 깊어진다. 이 어려운 단어를 어떻게 하면 쉽게 전
할 수 있을까?

영상의학과를 개원하고 우리 회사에 광고를 의뢰한 원장님은 30억 부동산을 포기하고 그 돈으로 의료 장비에 돈을 쓴 의사였다. 병원을 좀 아는 관계자들이라면 의료 장비가 얼마나 비싸며, 개원한 원장님이 얼마나 큰 맘을 먹었는지 잘 안다. 그래서 광고를 만들더라도 비싼 장비가 곧 더 나은 진료라는 등식(상식)으로 우리 병원에 최신식의 고가 장비가 있다는 식의 광고를 한다. 그게 그동안의 관례였다. 하지만 일반 환자들은 잘 모른다. 최신식의 고가 장비가 얼마인지도 모르고, 그게 얼마나 병원 입장에서 큰 투자를 한 것인지도 모른다. 이런 둘 사이의 격차를 줄여야 하는 게 이번 광고의 미션이었다.

어려운 의뢰를 받을 때면 나는 최대한 심플하게 생각하려고 한다. 이것 저것 복잡하게 생각한다고 쉽게 풀리는 일이 아니다. 최대한 단순한 해결책을 찾고 쉬운 단어를 찾으려 한다. 다른 말로 기본으로 돌아가려고 한다.

우선 CT, MRI를 쉽게 설명해 줄 단어가 필요했다. 인터넷 나무위키의 CT 설명을 보게 되면 "컴퓨터단층촬영, 약칭 CT(Computer Tomography)는 X선 발생 장치가 있는 원통형의 기계를 사용해 내부를 촬영하는 기술, 또는 그러한 기술을 사용한 검사"라고 정의되어 있다. 금방 그림이 그려지지 않는다. MRI는 어떨까? "자력에 의하여 발생하는 자기장을 이용하여 생체의 임의의 단층상을 얻을 수 있는 첨단 의학 기계, 또는 그 기계로 만든 영상법"이라고 되어 있다. 광고에서는 활용하기 어려운 말이 한가득이다.

이 말들을 한데 모아서 믹서기에 넣고 갈면 어떤 단어로 압축 될까 생각해보았다. 그렇게 해서 찾은 단어는 '속'이었다. CT나 MRI나 결국은 사람 속을 들여다보는 의료 기기 아닌가, 라는 생각이 들었다.

단어를 찾았으니 이제 문장을 찾을 차례였다. '속'이라는 단어를 가지고 어떻게 영상의학과를 쉽게 알릴 수 있을까? 나는 다른 영상의학과 광고를 찾아보았다. 그러던 중 타 병원들의 공통점이 보였다. '당일 검사' '당일 판독'. 빠르게 검사하고 빠르게 결과를 알려준다는 것이 중요한 니즈임에 분명했다. 근데 저 말도 좀 더 쉽게 할 수 있으면 좋겠다는 생각이 들었다. 그리고 광고가 이 점을 파고 든다면 그동안의 관례적 광고보다 좀 더 효과가 크지 않을까 생각했다.

그렇게 해서 찾은 문장은 "속보입니다"였다. 이 문장

에는 두 가지의 의미가 있다. 첫 번째는 말 그대로 '속보'(breaking news)의 의미다. 당일 검사, 당일 판독이라는 말보다도 더 빠르게 느껴진다. 두 번째는 '속 보입니다'의 의미다. CT나 MRI 모두 속을 보는 의료기기라고 했다.

한 줄의 카피로 두 가지의 의미를 담아내니 이것보다 더 좋은 문장은 없는 것 같았다. 카피를 정했으니 이제 남은 건 이미지였다. 처음에는 카피로만 승부해도 괜찮을 듯했지만, 사람들이 영상의학과 자체를 어려워하니 이미지를 찾아 어필해보고 싶었다.

'속을 보여준다라는 것을 어떻게 쉽게 알리지'라고 고민하다 그냥 광고판의 속을 보여주자는 생각을 했다. 광고판 속에는 조명 등 전기 장치가 있는 데 일반 사람들이 그것을 볼 기회는 없다. 나는 그 점을 광고에 이용하고 싶었다.

복통으로 배를 잡고 있는 환자나 두통 때문에 머리를 쥐고 있는 환자의 실루엣을 그대로 보여주고, 실루엣 대로 광고판 속의 모습을 그대로 드러낸다. '속보입니다'라는 카피가 그대로 이미지로 보여진다. 말 그대로 속을 보여주니 영상의학과를 이보다 더 잘 표현할 방법은 없는 것 같았다.

　고객이 어떤 말을 하는지 알아야 그 사람을 내 편으로 만들 수 있다. 그런데 가끔은 까먹고 내 언어에 집중할 때가 있다. 내가 가진 게 많거나 자랑할 게 많을 때다. 좋은 광고는 고객의 언어로 말하는 광고다. 전문 영역일수록 그것만 잘 해도 경쟁 브랜드와 차별화 할 수 있다.

# 21

## 어떻게 하면
## 광고처럼 보이지 않을까?

(1)

분당의 한 안과에서 연락이 왔다. 노안, 백내장 콘셉트로 광고해달라는 의뢰였다. 최근 안과에서 오는 의뢰의 대부분이 이렇다. 우리는 이미 100세 시대를 살고 있다. 라식, 라섹의 유행은 이미 지나갔고 자연스럽게 노안, 백내장이 수익이 되는 요즘이다.

여기서 큰 괴리감이 생긴다. 안과는 노안과 백내장을 말하고 싶지만 사람들은 그 단어를 싫어한다. 광고판에서 노안, 백내장 단어만 봐도 "이거 안과 광고구먼!"이라며 사정없이 고개를 돌린다.

'뭐라고 말해야 사람들이 좋아할까?' 광고는 이 고민으로부터 시작된다. "노안, 백내장 수술받으러 와" 아무리 영혼을 담아 달콤하게 말해도 상대가 달아난다. 하지만 소비자를 내 여자친구인 것처럼 대하면 광고 카피는 써진다.

관점을 완전히 바꿔보자. 노안, 백내장이라는 구체적인 병명을 버리고 더 큰 가치에 대해서 말해보자. 예를 들어, 안과는 눈을 고치는 병원이다. 여기서 눈이라는 단어에 포커스를 두면 관점 자체가 달라진다.

'첫눈 오는 날'이라는 문장은 언제나 우리를 감성에 젖게 한다. '첫눈 오는 날 만나자' '첫눈 오는 날 사귀자' 등 첫눈이 주는 황홀함이 있다. 하지만 이미 영화나 드라마에서 너무 많이 써먹은 말이다. 나는 이 말을 카피로 쓰기는 싫었다. 그러다 '두 번째 눈'이라는 글이 떠올랐다. 첫 눈(eye)은 이미 우리가 태어날 때 신으로부터 선물 받지 않았는가. 안과를 찾는 사람은 그 첫 눈이 문제가 생겨서 왔다. 이를 두고 "두 번째 눈 오는 날, 뵙겠습니다"라고 표현해보았다. 새로웠다. 광고 카피 속의 '눈'이 내리는 눈(snow)인지, 우리 몸의 눈(eye)인지는 읽는 사람의 몫이기에 더 재미있었다. 자연스럽게 노안, 백내장이라는 단어는 뒤로 미룰 수 있었다.

"두번째 눈 오는 날 뵙겠습니다."

노안·백내장은
**리지안**안과

　'어떻게 하면 광고처럼 보이지 않을까?'를 먼저 고민해야 한다. 광고인 줄 아는 순간 사람들은 자신의 지갑을 지키기 위해 눈을 돌린다. 광고가 아니라 우리 삶의 일부여야 한다. 광고가 아니라 우리 실생활의 이야기여야 한다. 사랑하는 사람에게 들어볼 법한 이야기여야 한다.

　어려운 단어를 쓰는 순간 상대는 달아나 버린다. 쉬운 말을 해야 상대방은 귀를 연다. 거기에 사랑과 관심이 담겨 있어야 마음은 열린다. 당신의 언어가 곧 마케팅이자 돈이다.

(2)

1,450만 명의 유튜브 구독자가 있는 유명인이 있다. 바로 니키라는 메이크업 아티스트다. 니키는 변장에 가까운 메이크업 노하우로 전세계적인 인기를 얻었다. 유튜브 특성상 그리고 메이크업 특성상 국가와 인종을 가리지 않고 누구나 구독하는 글로벌 채널로 발돋움했다. 구독자 수가 1,450만 명이라니 우리나라 경기도 인구보다도 더 많다.

니키는 종종 라이브 방송을 통해 자신의 메이크업 노하우를 가르쳐 준다. 당연히 전 세계 사람들은 니키를 따라하며 전문가의 뛰어난 기술을 배운다. 그러던 어느 날이었다. 여느 때처럼 니키는 방송을 했고, 사람들은 시청했다. 니키의 화장법을 보며 자신의 얼굴에 분을 바르는 순간이었다. 꽝! 하는 굉음과 함께 그녀의 몸이 앞으로 크게 쏠리는 장면이 나왔다. 마치 뒤에서 차로 그녀를 들이박는 듯했다. 그런데 니키는 실내에서 방송하고 있지 않나? 도대체 어떻게 된 일일까?

갑자기 방송이 중단되며 이런 문구가 나왔다.

"Please don't make up and drive." (제발 운전할 때 화장하지 마세요.)

기획은 이렇다. 운전 도중 화장하다 충돌 사고를 내는 일이 빈번한데, 라이브 방송에서 사고 나는 장면을 연출해 운전 중에는 화장하지 말라는 메시지를 표현한 것이다.

　독일의 한 자동차 브랜드가 제작한 광고였다. 니키는 화장 기술로 유명한 아티스트이다 보니 그녀의 방송에 이런 광고 메시지를 담으면 좋겠다고 생각한 것으로 구독자 수도 엄청나니 일단 시청자 수가 확보되고, 실제로 방송을 보면서 메이크업을 따라 하는 사람이 많을 테니, 자연스럽게 자사의 브랜드 광고도 된다는 계산이었다.

　언젠가부터인가 광고를 만들 때 첫 번째 목적이 광고처럼 보이지 않게 만드는 것이 돼버렸다. 광고인 것을 아는 순간 사람들은 고개를 돌리기 때문이다. 최대한 자연스럽게 우리 삶의 이야기를 하는 것이 중요하다. 이 광고가 그랬다. 사람들은 니키의 방송을 보다, 이 영상이 광고인 줄은 상상도 못했다. 즉, 방심하고 있을 찰나에 예상치 못한 광고가 불쑥 들어왔다.

　나는 앞으로 많은 광고가 이런 방향으로 가리라 본다. 광고판에서 나오는 광고는 사람들의 외면을 받는다. 광고판이 아니라 하늘, 공기, 풍경 등을 이용한 예상치 못한 광고가 대세를 이룰 것이다. 그리고 이것이 디지털 기술과 결합하여 광고는 더욱더 우리 삶 깊숙이 파고들 것이다.

# 22

## 내가 만난 최고의 광고

(1)

설탕물을 파는 브랜드가 있다. 사람들은 이 브랜드를 좋아한다. "Happiness(행복)"이라는 단어가 떠오르기 때문이다. 모두 광고 덕분이다. 광고에는 언제나 늘씬한 미남, 미녀가 해변을 뛰어다닌다. 그리고 음료를 나눠 마신다. 그러면서 Happiness라는 단어가 반복 노출된다. 마치 이 음료를 마시면 몸짱이 되는 것과 같다. 음료를 주는 것은 행복을 나누는 것과도 같다.

전 세계에는 수만 가지 브랜드가 있지만, 이 브랜드는

내가 생각하는 전 세계에서 가장 광고를 잘 만드는 기업이다. 그런데 이 생각이 더욱 굳혀진 계기가 있다. 이 브랜드가 두바이에서 펼친 캠페인 때문이었다. 캠페인 아이디어는 두바이에 외국인 노동자가 많다는 것을 활용했다.

광고 속 주인공은 가족을 위해 멀리 타국에서 여기까지 돈을 벌러 왔다. 타국에서 가장 그리운 것이 가족이다. 나의 유학 생활도 향수병으로 가득했다. 가족과 고향에 대한 그리움을 떠올리지 않은 날이 단, 하루도 없었다. 브랜드는 이점을 활용해 특수한 자판기를 만들었다. 음료수 뚜껑을 이용하면 조국의 가족들에게 국제 전화를 할 수 있도록 했다. 이때 음료수 뚜껑은 자판기의 동전 역할을 한다. 이렇게 되면 더 이상 설탕물을 파는 브랜드가 아니다. 고국의 사랑하는 가족의 목소리를 들을 수 있는 고귀한 매개체가 된다. 설탕물은 생명수로 변신하고, 내 소원을 들어주는 성수가 된다.

광고는 시선의 싸움이다. 누군가에게는 살을 찌게 하는 해로운 물이 되기도 하지만 누군가에게는 생명수가 되기도 한다. 광고 캠페인에 참여한 외국인 노동자가 고국으로 돌아가는 길에서 이 브랜드를 마주했을 때, 어떤 기분이 들까. 타국에서 자신과 가족을 이어준 고마운 브랜드로 기억할 것이다. 그리고 기억의 유통기한은 평생일 것이다. 이것이 바로 광고의 힘이다.

(2)

한 아이가 담배를 물고 당신에게 묻는다.

"불 좀 빌릴 수 있을까요?"

이런 상황이 당신에게 일어난다면? 물론 불을 빌려주는 어른은 없다. 몰래 카메라 형식의 이 광고 캠페인은 태국에서 진행되었다. 영상 속 어른들은 당연한 반응을 보인다.

"담배에는 수많은 독이 들어있단다." "너 빨리 죽고 싶니?" "너 암이 무섭지도 않니?"

담배를 입에 문 어른들은 연기 대신 이렇게 말한다. 그렇게 아이들을 돌려보낸다. 몇 분 뒤, 아이는 다시 다가온다. '쟤가 미쳤나? 또 불을 빌리러 오네'라는 생각을 하는 찰라 아이는 작은 쪽지를 건넨다. 그 쪽지에는 이런 글이 적혀 있다.

"당신은 저에 대해 걱정하시는군요. 그런데 왜 자신에

대해서는 걱정하지 않으세요?"

나는 지난 5년 동안 개인적으로 광고 아카데미를 열어서 1주일에 두 시간 정도씩 대학생들에게 광고를 가르쳤다. 그동안 학생들이 발표한 광고 중 가장 많이 차지한 주제가 금연이었다. 발표할 때마다 금연 광고는 빠지지 않고 등장한다. 비단 우리 아카데미에만 국한되지도 않는다. 아마 전 세계 광고를 통틀어도 금연 광고만큼 많은 것도 없을 것이다. 그만큼 금연 메시지는 포화상태다. 그런데 그렇게 많은 금연 광고 중 기억에 남는 것은 별로 없다.

하지만 태국에서 집행된 이 광고 캠페인은 엄청난 충격이었다. 영상을 찾아서 보라. 흡연자 스스로가 담배의 해로움에 대해 내뱉고 있다. 독이 들어 있고 암에 걸린다고 조언한다. 정작 자신은 담배를 피우면서 말이다. 그동안 이런 광고는 없었다. 누군가 흡연자에게 다가와 담배의 해로움을 말했다면 어떻게 되었을까? "None of your business!"(상관하지 마세요!)라는 말을 듣거나 머리채를 잡고 싸우는 일이 벌어졌을지도 모른다. 하지만 이 광고는 달랐다. 흡연자 스스로 흡연의 해로움을 실토하게 했다.

세상에서 가장 힘든 일은 사람의 마음을 움직이는 것

이라고 했다. 웬만해선 움직이지 않는다. 하지만 움직이게 하는 것이 광고다. 공익적인 이야기를 이렇게 강하게 말할 수 있다는 것. 이 광고가 최고의 광고 캠페인이라는 증거다.

(3)

"손님이 와서 옷만 만지고 헝클어뜨린 채 가버려요."

옷 가게를 운영하는 사장님의 푸념이다. 헝클어진 옷을 정리하는 건 오로지 사장의 몫이다. 손님은 헝클어뜨리고 사장은 정리하고. 옷 가게 사장님과 고객은 그 일을 반복한다.

사실 이 얘기는 내가 출연하는 라디오 방송에서 청취자가 나에게 한 질문이었다. 청취자가 생활 속 어려운 문제를 보내면, 즉석에서 아이디어를 드리는 코너였다. 어떻게 하면 기분 나쁘지 않게 손님을 설득할 수 있을까? 어떻게 하면 사장의 고충을 진심 어리게 전달할 수 있을까? 오늘의 질문이었다.

"옷깃만 스쳐도 인연입니다. 우리는 손님과 인연이 되고 싶습니다. 만지지 말고 스치기만 해주세요."

내가 찾은 답은 이 문장이었다. 그리고 이 문구를 청취자에게 선물했다. 사실 여러 문장들이 떠올랐다. "눈으로만 봐주세요" 부탁을 할까? "정돈이 힘듭니다" 읍소를 해볼까?

어느 카피라이터가 말했다. 'emotion(감정)'이라는 단어에 'motion(움직임)'이 들어 있는 건 결코 우연이 아니라고. 사실 내가 청취자에게 선물한 문장은 "만지지 마세요!"라는 메마른 표현과 의미적으로는 다르지 않다. 하지만 서비스업에서의 메마른 워딩은 손님을 쫓아낼 뿐이다.

뉴욕의 어느 맹인 사례를 소개해보겠다. 그는 길거리에서 "맹인입니다. 저를 도와주세요"라는 팻말을 두고 동전을 구걸했다. 하지만 반응이 신통치 않았다. 그런데 어느 카피라이터가 다가가 그의 문장을 바꿔주었다. 그랬더니 돈이 쌓이기 시작했다. 카피라이터가 바꿔준 문장이 무엇이었을까? 뭐라고 썼기에 사람들 마음을 움직인 걸까?

"아름다운 날입니다. 하지만 전 그것을 볼 수 없습니다."

오늘도 거리에 나가면 수많은 카피들과 조우한다. 어떤 사람은 읍소하고 어떤 사람은 주장한다. 하지만 진짜 사람의 마음을 움직이려면 감성적으로 말해야 한다. 지갑은 이성적일 때는 열리지 않는다. 감성적일 때 열린다. 고객의 지갑을 열려면 고객의 마음도 함께 열어야 한다.

**23**

# 한 단어를 주입시켜라

(1)

포지셔닝이라는 단어가 있다. "마케팅 목표를 효과적으로 달성하기 위해 기업, 제품, 상표 등의 마케팅 대상이 잠재 고객들에게 인식되도록 하는 일"을 뜻한다(출처: 네이버 국어 사전). 예를 들어, 쿠팡은 배송이 빠르다는 인식, 볼보 자동 차는 안전하다는 인식, 월마트는 싸다라는 인식이 바로 그 것이다.

 기업들이 포지셔닝에 목숨을 거는 이유는 사람들의 머 릿속에 위와 같은 인식이 한번 자리 잡히면 쉽게 바뀌지 않기 때문이다. 그래서 포지셔닝에 따라서 기업의 생사가 오간다고까지도 말한다.

그렇다면 포지셔닝은 어떻게 할 수 있는 걸까? 어떻게 하면 포지셔닝을 잘할 수 있을까? 국내 브랜드 중 좋은 사례가 있다. 바로 그랜저다. 아시다시피 한국에서 가장 많이 팔리는 자동차다. 길거리에서 1분만 서 있어도 여러 대를 볼 수 있을 만큼 친숙한 차다.

그랜저 광고 또한 친숙하고 재미있다. 그랜저는 한 단어에 집착하는데 바로 '성공'이라는 단어다. 자랑스럽게 퇴사하는 박차장, 임원으로 승진해 회사에서 차를 선물(?) 받는 직원, 어떤 사람이 되고 싶으냐는 아빠의 물음에 착한 사람이라고 답하는 아들을 통해 그랜저는 끊임없이 성공을 말한다.

사실 이러한 콘셉트가 갑자기 탄생한 것은 아니다. 2009년에 제작된 그랜저 광고에는 히트 카피가 존재한다. "어떻게 지내느냐는 친구의 말에 그랜저로 대답했습니다"가 그것이다. 그러면서 그랜저를 보고 부러워하는 친구의 표정을 클로즈업했다. 그랜저를 타면 성공을 이룬 것이고 부러움의 대상이 된다는 메시지를 담은 광고였다.

이제 눈치를 챘는가? 최고의 포지셔닝은 바로 한 단어에 집중하는 것이다. 비가 오나 눈이 오나 한 단어만 말하는 것이다. 혹시 그 단어를 말하지 않더라도 그 단어의 콘셉트에서 벗어나지 말아야 한다. 그런 점에서 보면 그랜저는 정말 진득하게 수십 년간 성공이라는 한 단어로 광고를 만들어 왔다. 그 결과 그랜저는 한국에서 가장 자주 볼 수 있는 자동차가 되었다. 회사 법인 차량에 그랜저가 많은 이유도 바로 이런 포지셔닝 덕분이다.

(2)

길을 가는 사람을 붙잡고 말했다. "흔들리지 않는?" 그러자 상대방이 답한다. "편안함?" 물론 나의 상상이다. 하지만 현실일지도 모른다. 이제는 모두가 알만한 침대 브랜드 시몬스의 대표 카피이다.

왜 사람들은 이 카피를 외울까? 아니, 자기도 모르게 외우게 된 걸까? 외울 수밖에 없을 정도로 광고를 많이 해서 그런 걸까? 정답은 시몬스가 비가 오나 눈이 오나 "흔들리지 않는 편안함"을 말하고 다녔기 때문이다. 시몬스는 지루할 만큼 한 가지 이야기를 수십 년에 걸쳐서 했다. 그러니 모두가 기억할 수밖에.

비즈니스와 자영업의 차이가 무엇일까? '시스템'이다. 시스템이 있으면 사업이고 없으면 자영업이다. 하지만 조금 재미없는 답변이다. 나는 이렇게 답하고 싶다. 한 가지 이야기를 지루하리만큼 오래 할 수 있느냐 없느냐의 차이, 이 차이가 사업과 자영업을 나눈다고 말이다.

소상공인 대상으로 컨설팅을 하다 보면 콘셉트를 자주 바꾸는 곳이 많다. 특히 음식점이 그렇다. 가게 안은 사장님의 아이디어로 총망라되어 있다. 유명 스포츠 스타나 연예인의 사인부터 한 철 지난 현수막 그리고 맛있는 게 먹는 방법을 안내하는 문구와 해외에서 사 온 기념품 등 정신이 없다. 식당을 나오면 내가 어떤 단어를 섭취하고 나왔는지 분간이 되지 않을 정도다.

자영업 사장님의 가게에 이렇게 숱한 아이디어가 많은 이유는 트렌드 때문이다. 해마다 트렌드가 바뀌니 그걸 따라가다 보면 그 가게만의 고유한 콘셉트가 사라지는 것이다. 하지만 시몬스는 어떠한가? 세월이 지나고 트렌드가 바뀌어도 수많은 유혹을 견디며 흔들리지 않았다. 흔들리지 않은 건 침대뿐만이 아니었다.

광고회사를 운영하며 나의 마음속에는 늘 이런 질문이 자리했다. 정말 좋은 마케팅이란 무엇일까? 나는 자신 있게 말할 수 있다. 그것은 지속적으로 한 가지 메시지를 어필하는 것.

너무 단순해서 허탈하다고? 그렇지 않다. 한 가지 주장을 계속하는 것에는 엄청난 용기가 필요하다. 기업을 운영하다 보면 더 좋은 콘셉트를 항상 만나게 된다. 기존의 콘셉트가 올드하다는 느낌이 들 때도 있다. 따라가지 않으면 회사가 위험해질 것도 같다. 하지만 이런 숱한 유혹을 이겨내야 장수하는 기업이 된다.

그러면 이렇게 묻고 싶다. "기업은 늘 트렌드에 맞게 변화해야 하는 것 아닌가요? 삼성의 이건희 회장님도 자식하고 마누라 빼고는 모두 바꾸라고 하셨는데"라고 말이다. 맞는 말이다. 하지만 '변화하는 것'과 '변함없는 것'을 구분해서 봐야 한다.

2020년 시몬스의 150주년 기념 광고를 보면 이를 확인 할 수 있다. 분명 시몬스의 광고인데 침대가 등장하지 않는다. 대신 지하철에서 다리를 쩍 벌리고 앉은 쩍벌남과 새치기하는 사람을 등장시켰다. 매우 불편한 상황이

다. 이때 시몬스 로고가 나오며 불편했던 상황은 종료된다
("Manners maketh Comfort"라는 자막이 함께 나오면서 쩍벌남의 다
리를 오므리게 하고, 새치기 했던 남자를 줄 끝으로 보내버린다). 불편
했던 상황이 시몬스가 나타나며 편안해진 것이다. 흔들리
지 않는 '편안함'이라는 개념을 150주년을 맞이하여 색다
르게 표현했다. 변함없이 편안함에 대해 이야기하면서도
표현 방식은 변화시켰다.

강연할 때 나는 종종 이런 질문을 받는다. 포지셔닝의
개념이 어렵다고 말이다. 그런 분께는 시몬스의 이야기를
들려준다. 끊임없이 한 가지 이야기를 하는 것이 어떤 것
인지. 그리고 사람들이 이를 흡수해 브랜드를 마음속에 두
는 것이 포지셔닝이라고 말이다. 용기와 철학이 있다면 누
구든 포지셔닝에 성공할 수 있다.

# 24

## 오늘 말고 내일을 보는 브랜드

지구촌 최고의 스포츠 축제 '슈퍼볼'(미식축구 결승전)은 항상 이슈를 몰고 다닌다. 그리고 슈퍼볼만큼이나 주목을 받는 것이 바로 '광고'이다. 미국뿐 아니라 전 세계 1억 명이 지켜보는 스포츠인만큼 광고 효과도 엄청나다. 글로벌 기업들은 이 순간을 놓치지 않는다. 매년 슈퍼볼 광고 비용은 약 450만 달러로 우리나라 돈으로는 약 49억 원에 해당한다. 1초에 약 1억 6천만 원이 소요되는 셈이다. 눈 한 번 감았다가 뜨면 수억 원이 슝 하고 날아간다.

광고인이라는 직업병 때문일까. 나는 슈퍼볼보다 슈퍼

볼 경기 전후나 중간 광고에 더 관심이 간다. 그동안 여러 광고가 이 황금 시간대를 지나갔지만, 그중에서도 특별히 기억에 남는 광고가 하나 있어서 소개하려고 한다.

"돈은 필요 없습니다. 대신 사랑을 내세요."

당신이 햄버거 가게에 갔다고 치자. 햄버거를 고르고 지갑을 꺼내려는 순간, 점원의 입에서 이런 말이 나온다. 당신은 어떻게 하겠는가? 당장 누군가에게 전화해서 사랑한다는 고백을 할 수 있을까? 아님 "무슨 말이냐고. 그냥 돈을 지불하겠다"고 말할 것인가. 이 캠페인은 햄버거 브랜드 M사가 진행한 프로모션이다. 그리고 M사는 이를 슈퍼볼 광고로 송출했다.

광고 속의 사람들 반응은 제각각이었다. "Are you serious?"(진짜입니까?)라며 되묻는가 하면, 같이 온 엄마에게 머뭇거리며 사랑한다고 말하는 아들, 사랑 고백을 하고 공짜 햄버거를 받아들고 행복해하는 가족 등 다양했다. 적어도 이날만큼은 "세상에 공짜 점심은 없다"라는 유명한 말을 남긴 워런 버핏이 쑥스러울 정도였다.

햄버거를 공짜로 주면 기업 입장에서는 적자다. 그런데 M사 브랜드는 왜 이런 적자 마케팅을 했을까? 바로 기업은 이미지에 죽고 이미지에 살기 때문이다. "햄버거는 몸에 좋지 않아" "햄버거는 정크 푸드야" "아이들에게 햄버거를 못 먹게 해!"라는 인식과 싸우는 것이 더 중요하다고 판단하고, 햄버거를 통해서도 이렇게 울고 웃을 수 있다는 것(이미지)을 보여주려고 광고를 기획했다.

지금도 많은 브랜드들이 오늘만 사는 마케팅을 한다. 오늘의 수익, 오늘의 매출에 집중한다. 짧게 갈 거라면 그렇게 해도 된다. 하지만 멀리 가려면 그 브랜드만이 가질 수 있는 고유한 이미지를 만들어야 한다.

지금 기업을 운영한다면, 사업을 한다면 그리고 장사를 한다면 사람들이 좋아할 만한 이미지를 만들어야 한다. 사람을 사랑하는 이미지, 환경을 아끼는 이미지, 다음 세대까지 고민하는 이미지 말이다.

당신네 브랜드의 이미지는 무엇인가? 그리고 당신의 이미지는 무엇인가?

**25**

# 더 좋은 광고를 만드는
# 출발점 세 곳

(1)

"조금 더 발전시켜 봅시다."

광고 일을 하다 보면 광고주한테서 자주 듣는 말이다. 하지만 이 말에는 함정이 있다. 바로 '발전'이라는 단어이다. 우리는 흔히 생각한다. '여기서 손을 더 대면 좋아지겠지'라는 생각. 하지만 광고에서는 그렇지 않을 때가 훨씬 많다. 왜냐면, 광고주가 말하는 발전은 자신들 입맛대로 바꾸는 것을 말하기 때문이다.

광고는 철저하게 '배려'의 기술이다. 자신이 하고 싶은 말을 하는 것이 광고인 것 같지만 사실 상대방이 듣고 싶은 말을 해주는 것이 광고다. 여기서 상대는 광고주가 아니라 광고주의 고객(소비자)이다. 그런데 그렇지 않고, 광고주의 입맛 또는 보고 라인에 따라 윗 선의 입맛에 맞추다 보면 결국 정형화된 광고만 나온다. 소비자는 멀리 있지만 컨펌 받아야 하는 상사는 가까이에 있기 때문이다.

"소금을 쳐보자!" "설탕도 넣어보자!" 그렇게 하다 보면 이 맛도 저 맛도 다 잃어버린다. 최초의 날 것 그대로인 본연의 맛이 사라져버린다. 맛만 사라지면 다행이지만 결국에는 광고주의 취향에 따라 잡탕밥이 되고 만다. 그래서 아무리 좋은 아이디어가 있어도 그것이 세상의 빛을 보는 건 매우 힘든 과정을 거쳐야 한다.

이럴 때 광고주에게 해주고 싶은 얘기는 전문가의 의견에 따르라는 것이다. 그것이 가장 빠르고 정확하다. 행정의 업무는 공무원에게 맡겨야 하고, 수술은 의사에게 맡기는 것이 가장 확실하다. 의사에게 "이 부위를 째서 저기를 봉합해달라"라고 말하는 순간 몸은 망가지고 만다.

광고는 철저하게 배려의 커뮤니케이션이다. 나보다 상대를 앞세워야 한다. 그러면 캠페인의 성공은 가까워진다.

(2)

광고주가 하고 싶은 말은 천 마디가 넘는다. "우리는 믿을
만한 사람입니다"부터 "고객을 사랑합니다"까지. 광고주
가 광고에 담고 싶은 내용에는 끝이 없다. 그렇게 광고주
의 요구 사항을 모두 반영하다 보면 광고는 망한다. 광고
주만 흡족할 뿐 소비자는 등을 돌린다.

광고는 압축의 예술이다. 나는 광고주의 말을 최대한
하나로 압축하려고 한다. 소비자를 사랑하는 마음은 알지
만 그 말을 모두 하다가는 고객은 저 멀리 도망가고 만다.
압축에 성공한다면 하루 동안 접하게 되는 5,000여 개의
광고 속에서 살아남을 수 있다.

한 젊은 의사가 개원하는 병원의 광고를 맡았다. 그들
의 고민은 이러했다. 첫째, 안티에이징을 다루고 있지만
사람들이 잘 모른다. 둘째, 젊은 의사에 대한 선입견을 불
식시키고 싶다. 젊은 개원의는 '나이도 지긋하고 흰머리도
있어야 명의일 것 같다'는 인식과 싸우고 있었다. 이 두 가
지를 한 번에 해결할 문장이 필요했다.

머리와 손이 바빠졌다. 머리는 생각하고 손은 받아 적
었다. 그렇게 머리와 손에 걸린 단어가 '주름'이었다. 주름

은 안티에이징을 대표하는 단어 중 하나이다. 주름과 안티에이징은 연결 고리가 강하다. 그리고 젊은 의사의 실력은 어떻게 표현할지가 문제였다. 새로운 사람들이 새로운 곳에서 세력을 장악할 때, 흔히들 '주름 잡는다'라는 표현을 쓰는데, 이를 이용해보기로 했다.

"대구를 주름잡으러 왔습니다."

아이디어를 생각할 때는 머리와 손이 바빠야 한다. 머리는 쉴새 없이 생각하고, 손은 끊임없이 받아써야 한다. 그러다 보면 운 좋게 매력적인 단어가 걸린다. 단어가 걸리면 카피라이팅은 조금 쉬워진다. 핵심 단어에 이것저것 살을 붙이다 보면 어느새 명문장이 '짠'하고 나타난다.

광고 카피를 쓸 때 겁먹지 마라, 부지런히 써봐라, 한 개를 쓰는 것보다 열 개를 쓰는 것이 좋고, 열 개보다는 백 개를 써보는 것이 좋다, 이런 말을 한다. 틀린 말은 하나도 없다. 그렇게 해서 쓴 카피 중 단 한 줄만 건져도 성공이다. 한 개만 써서 실패하면 100%의 실패지만 열 개 중 하나만이라도 건져낸다면 성공 확률은 10%로 올라간다.

종이든 스마트폰이든 상관없다. 적고 적고 또 적자. 너덜너덜해진 아이디어 노트가 언젠가 모두가 기억하는 한 줄 명문장의 보고로 바뀌어 있을지 모른다.

(3)

"어떻게 하면 광고를 잘 만들 수 있나요?"

강연이 끝나면 늘 이런 질문을 받는다. 나도 그 방법을 잘 알고 싶다. 하지만 정답은 모르겠지만 정답에 가까운 오답은 알고 있다.

광고는 사람을 따라간다. 세월이 흘러도 변치 않는 진리이다. 우리는 로봇에게 물건을 팔지 않는다. 심지어 강아지 사료도 강아지에게 팔지 않고, 강아지를 키우는 주인에게 판다. 이렇듯 광고 메시지는 늘 사람을 향한다.

나는 옛날 광고를 감상하는 걸 즐긴다. 그때의 광고를 보면 그 시절이 보인다. 옛날 광고는 형용사를 참 많이 썼다. '우아한' '아름다운' '고풍스러운' 등의 꾸미는 말들이다. 예전에는 소비자들이 이 말에 속아 넘어갔지만 지금은 아니다. 명확한 팩트를 보고자 한다. "잘 팔리는 상품입니다"라고 광고하기 보다 "5분마다 1개가 판매되는 상품입니다"라고 말해야 좀 더 신뢰감이 생긴다. 형용사는 거짓말을 하지만 숫자는 명료하다.

어느 직업이든 마찬가지겠지만 광고인은 특히 공부를 많이 해야 한다. 그중에서도 '사람 공부'이다. 결국 상품은 사람에게 파는 것이다. 광고가 인문학적인 산업이라고 부르는 이유가 바로 여기에 있다. '사람이 무엇을 좋아할까?' '사람이 어떻게 하면 더 편해질까?' '사람이 어떻게 하면 웃을까?'를 끊임없이 고민해야 한다.

사람이 광고의 처음이자 끝이다. 사람에 집중하다 보면 아이디어가 샘솟고 기발한 기획이 탄생한다. 지금 우리는 지구가 탄생한 이래로 가장 똑똑한 인류이다. 교육 수준은 말할 필요가 없고 이용할 수 있는 매체 또한 다양하다. 그래서 광고인이라는 직업은 앞으로 더욱 어려워질 것이다. 광고하려면 소비자(고객)보다 더 영리해야 한다. 그러니 닥치는 대로 공부하고, 경험하고, 느껴봐야 한다. 소설책에 중독되어 보기도 하고, 사랑하는 사람에게 푹 빠져보기도 해야 한다. 배낭 하나 메고 전국을 돌아다녀 보기도 해야 한다. 그곳에서 만난 낯선 사람과의 대화도 즐겨야 한다.

화려한 테크닉보다 '사람'이라는 기본에 집중해보자. 그러면 어느새 당신 손끝에서 멋진 광고 아이디어가 탄생할 날이 올지도 모른다. 꼭 들려주고 싶었던 정답에 가까운 오답이다.

# 26 / 선거 기획은 어떻게 하는 걸까?

광고회사는 선거철이 되면 더 큰 빛을 발한다. 정치인들의 구애가 시작되기 때문이다. 미팅을 할 때면 그들의 얼굴에는 '간절함'이 쓰여있다. 그리고 절대 그냥 나타나지 않는다. 배우자와 함께 나타난다.

가족을 대동한 모습을 보면 내 어깨는 더 무거워진다. 나의 기획으로 누군가는 배지를 달고 또 누군가는 놓친다는 생각을 하면 펜이 무거워진다. 그러나 그 부담감을 이기고 전략을 세워야 한다.

요즘이 퍼스널 브랜딩의 전성시대라고 하지 않던가. 선

거 기획이야 말고 퍼스널 브랜딩의 압축판이라고 할 수 있다. 후보자의 컬러는 어떤 색이 좋을까? 캐치프레이즈는? 후보자의 치적은 어떻게 알릴 수 있을까? 장점을 어떻게 부각할까? 질문을 던지자면 끝도 없다.

하지만 아이러니 하게도 유권자는 후보자를 있는 그대로 받아들이지 않는다. 그가 형성하고 있는 이미지를 통해 후보자를 바라본다. 눈에 보이는 외모부터 깊게는 그가 해왔던 일 등이 그의 이미지가 된다. 결국 선거는 이미지 싸움이다. 후보자의 능력 차이는 크지 않다. 선거에 출마할 정도라면 누구보다 열심히 살아왔다. 그러나 그들의 당선 여부를 결정하는 것은 결국 유권자가 가진 인식이다. 즉, '잘한 것'보다 '잘할 것'에 관한 이미지다. 적어도 광고의 세계에서는 그렇다. 당신이 지금까지 투표한 인물들을 살펴보라. 진짜 잘하는 사람에게 표를 줬는지, 잘할 것 같은 사람에게 표를 줬는지. 그것이 이미지의 힘이다.

그렇다면 선거 기획은 어떻게 하면 좋을까? 후보자의 이미지 메이킹 관점에서 살펴보자. 첫째, 자랑하지 마라다. 후보자와 미팅을 하면 처음부터 끝까지 자신의 자랑을 늘어놓는 경우가 많다. 그러나 자신의 자랑에 대한 후보자와 유권자의 온도 차이는 몹시 크다. 중요한 것은 유권자들에게 얼마나 도움이 되느냐이다. 그러나 이마저도 사람들은 내가 저 후보에게 이런 도움을 받았다고 생각하지 않는다. 그러니 자랑은 독이다. 자랑을 정말 샤프하게 할 수 있다면 해도 된다. 그러나 자랑이 자랑처럼 보이면 표를 얻기 힘들다.

둘째, 후보자의 가장 큰 쓸모를 찾는 일이다. 선거의 본질은 나라를 위해 대신 고생할 사람을 찾는 것이다. 조금 더 나은 삶을 위해, 조금 더 나은 세상을 위해 쓸모 있는 사람을 찾는 일이다. 마케팅으로 따지면 USP(Unique Selling Point) 찾는 것이다. 그 포인트를 찾아 극대화해야 한다.

언젠가 재선을 노리는 어떤 후보가 선거 콘셉트를 의뢰해 왔다. 그 의원의 가장 큰 장점은 경험이었다. 경쟁 후보들보다 직을 한 번 수행해본 경험이 있으니 그것을 부각해야 했다. 어떤 문장이 있을까? '고기도 먹어본 사람이 먹는다' '구관이 명관이다' 등의 말이 있겠지만 식상하다. 또한 재선이라는 단어가 주는 호불호도 염두에 둬야 한다. 누군가는 한 번 해본 경험을 높게 평가하지만, 누군가는 "한 번 한 사람은 그냥 물러나!"라고 생각할 수도 있다. 식상하지 않고, 호불호가 갈리지 않고, 선거판에서 한 번도 쓴 적이 없는 단어가 무엇일까? 그때 내가 찾은 답은 '재구독'이었다. "홍길동 재구독!" "홍길동 의원의 구독을 연장합니다." '재선'이라는 후보자 중심의 언어를 버리고 '재구독'이라는 유권자 중심의 언어를 사용했다.

셋째, 다 버려라. 두 번째 전략에서 후보자만의 쓸모를 가졌다면 그 한 단어만 남기고 다 버리는 것이다. 나는 후보자와 미팅할 때 여러 가지 자랑을 늘어놓는 모습을 보며 속으로는 이런 생각을 한다. '이 사람이 책이라면, 이 책을 손에 쥐고 탈탈 털면 어떤 단어만 남을까?' 나는 그 단어를 찾으려고 노력한다. 심플하지 않나? 아무리 후보자의 자랑거리가 산더미처럼 많아도 결국 유권자가 섭취할 수 있는 단어는 하나다.

사람들은 광고에 관대하지 않고 선거 광고에는 더욱 냉정하다. 그러니 후보자가 가진 모든 자랑을 다 버리고 하나만 남겨둬야 한다(하지만 여전히 많은 후보자가 자신의 업적을 버리지 못하고 현수막을 빼곡히 채운다).

넷째, Better One보다 Only One이 되어야 한다. 선거철 후보자의 광고를 보라. 대부분이 Better를 말한다. 제가

'더' 잘하겠습니다. 제가 다른 후보보다 '더' 낫습니다. 제가 '더' 많이 노력했습니다.

하지만 Better는 매우 위험한 단어다. 나보다 더 잘하고 나보다 더 노력하고 나보다 더 뛰어난 사람은 나오기 마련이다. 세월이 그렇게 만든다. 하지만 시간이 지나도 변치 않은 건 '고유함'이다. 전 세계 인구를 통틀어도 당신의 존재는 당신뿐이다. 그러니 Better One의 전략이 아니라 Only One의 전략으로 가야 한다.

열심히 한다, 잘한다, 라는 단어는 누구나 쓸 수 있는 문장이다. 상품으로 따지면 커스터마이징 된 명품이 아니라 그냥 기성품이다. 맞춤형 양복이 아니라 그냥 쇼윈도에 전시된 100 사이즈 옷이다. 오직 자신만이 쓸 수 있는 문장이어야 한다. 초선을 노리는 후보자의 워딩과 재선을 노리는 후보자의 워딩이 분간되지 않는다면 문제가 있다. 신이 나에게만 내려준 매력을 찾아 어필하자.

# 브랜드를 살리는 콘셉트 만들기

콘셉트는 생명이다. 콘셉트가 없으면 죽은 브랜드요, 콘셉트가 있으면 살아 있는 브랜드다. 우리 주변의 살아 있는 브랜드를 살펴보자. 앞서도 얘기한 대로 그랜저의 콘셉트는 '성공'이다. 더 정확하게 말해 성공한 사람들이 타는 차로 콘셉트를 잡았다. 그래서 지금까지도 스테디셀러로 자리매김하고 있다.

하지만 여전히 많은 브랜드는 콘셉트 없이 시장에 뛰어든다. 콘셉트는 총이고 무기이다. 총 없이 싸우러 나가면 결과는 뻔하다. 전사하고 만다. 그렇다면 콘셉트는 어떻게 찾을 수 있을까?

첫째, 무엇으로 기억되고 싶은지 고민해야 한다. 핸들이 높은 오토바이로 유명한 할리데이비슨은 언젠가 이런 광고를 게재한 적이 있다. "아이들에겐 영웅이 필요하다." 인식이라는 것이 참 재미있다. 위험한 것을 정말 위험한 것으로 만들 수도 있지만 영웅으로 만들 수도 있다. 할리데이비슨은 세상에서 가장 위험한 오토바이가 아니라 영웅만이 탈 수 있는 브랜드가 되었다. 그래서 마케팅은 제품 싸움이 아니라 인식 싸움이다.

둘째, 세상에 어떤 영향력을 끼치고 싶은지를 생각해야 한다. 스티브 잡스는 컴퓨터를 손바닥 위에 올려놓았다. 덕분에 인류는 언제 어디서든 바로바로 커뮤니케이션이 가능해졌고, 정보 검색도 가능해졌다. 이제는 스마트폰 없이는 어떠한 일도 진행이 안 될 만큼 편리함과 속도의 상징이 되었다. 페이스북(현재는 메타)을 창업한 마크 주커버그는 이를 활용해 사람과 사람을 연결했다.

브랜드의 콘셉트를 찾기 위해서는 세상에 어떤 영향력을 끼치고 싶은가를 고민해야 한다. 그것을 끊임없이 찾다 보면 자연스럽게 콘셉트는 도출된다.

셋째, 색깔을 정해야 한다. 우리 브랜드와 어울리는 컬러는 무엇인가? 맥도날드의 컬러는 노란색이다. 노란색은 친근감을 주고 대중적이며 달콤한 식감을 자극한다. 샤넬은 블랙의 컬러를 사용해 고급스러움을 강조한다. 코카콜라는 레드 컬러를 써서 정열적인 느낌을 준다. 콘셉트 구상이 힘들 때는 컬러를 먼저 떠올려 봐도 좋다. 브랜드에 맞는 컬러는 찾으면 콘셉트는 그 속에서도 탄생할 수 있다.

브랜드를 개척하고 싶은가? 세상에 없던 브랜드를 만들고 싶은가? 안타깝지만 10개의 브랜드가 탄생하면 5년 안에 8개의 브랜드는 망한다. 그리고 10년째가 되면 1개 정도가 겨우 살아남는다. 살아남은 브랜드의 특징은 명확하다. 바로 매력적인 콘셉트다. 세상에는 너무 많은 브랜드가 있다. 이 모두를 소비자가 기억하기엔 벅차다. 그럴수록 콘셉트를 명확히 해야 한다. 콘셉트가 뾰족할수록 시장에서의 생명력은 길어진다.

# 28

## 유튜브 쇼츠 1,000만 뷰의 비밀

전 세계 모든 크리에이터들은 '조회 수' 3음절에 목숨을 건다. 조회 수는 짝사랑이다. 함께 하고 싶지만 다가가면 멀어진다. 어떻게 하면 조회 수가 나를 사랑하게 할 수 있을까?

대구의 중심지에는 일흔 살이 넘은 병원이 있다. 당연하게도 올드한 이미지를 갖고 있다. 광고로 이 문제를 해결해야 한다. 한 번 생각해 보자. 70년 전통을 물에 비유한다면 오래되고 썩은 물을 떠올리게 된다. 하지만 소나무에 비유하면 어떨까? 오랜 세월 굳건히 내 곁에 서서 그늘을 만들어준 고마운 존재가 된다. 사실은 하나이지만 표현하는 방법에 따라 대중은 전혀 다르게 인식한다.

이번 광고는 일흔 살 넘은 병원을 팔팔한 십대 같은 이미지로 바꾸는 것이 목표였다. 이 문제를 해결하기 위해 우리는 유튜브 쇼츠를 생각했다. 이때까지만 해도 대부분의 병원이 10분이 넘는 풀타임 동영상을 홍보로 쓸 때였다. 나는 반대로 가고 싶었다. 어차피 여기저기서 볼 수 있는 의학 상식을 10분씩, 20분씩 볼 사람은 많지 않을 테니 짧게 핵심만 얘기하면 어떨까 싶었다. 무엇보다 올드한 이미지가 있는 병원에서 쇼츠를 한다면, 그것 자체가 신선한 시도로 주목을 끌 수 있을 거로 생각했다. 그리고 의사대신 간호사를 앞세우자고도 했다.

고맙게도 병원은 우리의 제안을 잘 따라와 주었다(지금까지도 고맙게 생각한다). 대부분 병원은 의사가 메인 스피커다. 그리고 분위기는 '엄근진'이다. 내용 또한 의료 지식과 관련되어 있다. 유익할지는 모르겠지만 재미와는 거리가 멀다. 결과적으로 낮은 조회 수를 획득한다. 하지만 이번 영상만큼은 다르게 해보고 싶었다.

간호사가 병원에서 겪는 애환에 주목했다. 주사를 놓아

야 하는데 혈관이 잘 안 보인다든지, 귀가 어두운 환자와의 대화 에피소드, 후배 간호사로서 선배에게 혼났을 때 등과 같은 병원에서 일어날 수 있는 에피소드를 그려보면 재미있겠다는 생각이 들었다. 그렇게 쇼츠를 시작했다.

쇼츠를 시작하고 이것저것 영상을 올리면서 속칭 '간'을 보고 있을 무렵, 서울로 향하는 출장길에서 회사로부터 전화를 받았다. "지금 X병원 유튜브가 대박이 났습니다!" 전화를 끊고 핸드폰을 열고 얼른 확인해보았다. 그랬더니 100만 뷰를 넘어서고 있었다. 흔히 알고리즘 신이 내린다고 하는데, 우리가 선택을 받은 것이었다. 어떻게 그런 일이 일어났는지 궁금했다.

대박이 난 콘텐츠는 "주사 맞는 환자가 바지를 다 내린 경우 간호사의 연차별 대응"이라는 제목의 영상이었다. 잠깐 소개하자면, 연차가 있는 간호사는 덤덤하게 환자를 대하고, 중간 정도의 경력 간호사는 멈칫하고, 신입 간호사는 "으악!" 소리를 지르며 도망간다는 다소 유치한 콘텐츠였다.

이 글을 쓰는 날 기준으로 조회 수는 1,024만 뷰로 서울특별시 전체 인구보다 더 많은 사람이 우리가 만든 영상을 보았다. 이 사건(?)을 계기로 전국의 병원, 법무 법인에서 쇼츠 제작 의뢰가 봇물 터지듯 일어났다. 물론 인력의 한계로 의뢰를 다 받지는 못했지만 행복한 고민을 한동안 했다.

어쩌다 우리에게 이런 일이? 내가 생각하는 1,000만 뷰의 비결은 이렇다. 첫째, 여전히 사람들은 아름다운 것을 좋아한다는 사실이다. 간호사분의 얼굴이 너무 예뻤다. 누가 봐도 미인이었고 거기에 경상도 사투리까지 더해져 남자 시청자의 마음을 녹였다. 나는 그것을 매력이라고 생각한다. 인기 있는 셀럽들의 공통점이 뭐냐는 질문에 래퍼스윙스가 이렇게 답한 적이 있다. "잘하는 것을 넘어 매력이 있어야 해요. 그래야 그 사람의 얘기가 더 듣고 싶거든요."

둘째, 사람들은 성(性)과 관련된 이야기를 좋아한다. 주사를 맞기 위해 바지를 벗는다는 설정은 성적인 상상을 자극한다. 쇼츠를 보는 사람 입장에서는 당연히 간호사의 반응이 궁금하다. 개인적인 얘기를 잠깐 하자면, 가슴 성형 광고를 만든 적이 있다. 좋은 아이디어로 국제 광고제에서 수상도 했지만 엄청난 악플 사례를 받기도 했다. 이런 관심은 결국 성적인 이야기는 언제나 사람들 관심사의 첫 번째 목록이라는 것을 잘 보여준다.

셋째, 지속성이다. 우리는 유튜브 알고리즘을 의식하지 않았다. 묵묵히 콘텐츠를 만들었을 뿐이다. 누군가는 1년 만에 '떡상하는'(매우 급격하게 오르는) 콘텐츠를 만나기도 하고, 누군가는 5년이 지나야 겨우 만나기도 한다. 둘의 공통점은 어쨌든 계속 만들고 있었다는 것이다. 혼신의 힘을 다해 만든 콘텐츠가 10~20정도의 조회 수가 나오면 누구나 멘탈이 흔들린다. 그럼에도 포기하지 않고 묵묵히 만드는 것이 중요하다. X병원 콘텐츠도 처음부터 조회가 많이 나오진 않았다. 초반에는 적으면 15회, 많으면 70회 정도가 전부였다. 하지만 계속 포기하지 않고 전진했기 때문에 떡상하는 조회 수도 나올 수 있었다.

기억하라. 유튜브 알고리즘 신을 만나려면 콘텐츠를 계속 만들어야 한다. 홈런을 치려면 타석에 어떻게든 들어서야 하고 3점 슛에 성공하려면 슛을 계속해서 던져야 한다. 우리는 그저 운 좋게 그 시기가 빨리 왔던 것뿐이다. 그러니 Keep Going 하자. 행운은 자신을 찾아주길 기다리고 있다.

# 29

# 현실의 이야기를 하라

90년대 후반 god(지오디)는 H.O.T와 젝스키스를 잇는 대형 신인이었다. 그런데 사람들은 의아했다. 그들은 H.O.T, 젝스키스와는 달랐다. 지오디는 H.O.T처럼 멋지지도 않았고 젝스키스처럼 화려하지도 않았다. 그런데 왜 폭발적인 인기를 누렸을까.

지오디의 성공 비결을 묻는 말에 박진영 프로듀서가 대답했다(박진영은 JYP의 그 박진영이다).

"지오디는 밥 같아요."

잘 못 들으면 욕처럼 들린다. 밥 같다니. 매일 먹어도 질리지 않는 음식. 더 나아가 그것이 없으면 살 수 없는 음식. 지오디를 만든 최고의 프로듀스는 역시나 최고의 비유를 했다.

밥처럼 평범함의 힘은 강력하다. 나는 늘 이를 광고에 적용해보고 싶었다. 그래서 광고 메시지를 뽑을 때도 일상생활에서 아이디어를 구하는 편이다.

대구시 교통정책과에서 연락이 왔다. 안전속도 5030 캠페인에 대한 얘기였다. "넓은 시내 도로는 50km, 좁은 동네 도로는 30km로 속도를 줄이자는 정책입니다. 그런데 어떻게 시민들에게 알릴지 고민입니다." 모든 것이 빨라지는 세상에 10km를 줄이자니 고민이 될 만도 했다. 하지만 문제를 찬찬히 들여다보니 꽤 중요한 정책이었다.

우리나라는 인구 10만 명 당 보행 중 사망자 수가 3.5명으로 OECD 회원국 중 최하위 수준이다. 그 중 92%는 도시에서 발생한다. 즉, 10km만 줄여도 교통사고 사망자 수가 63.6%나 감소한다. 깜짝 놀랐다. 시민들에게 이 사실만 알려도 캠페인 참여를 적극적으로 할 것으로 생각했다.

광고 매체는 이미 빌딩 위 전광판으로 정해져 있었다. 그곳은 1~2초 사이에 호기심을 자극하지 못하면 외면받는 곳이다. 평범하면서도 자극적인 아이디어가 필요했다. 그때 불현듯 안경점에 갔던 기억이 머리를 스쳤다. 안경점에 가면 시력을 맞추기 위해 특수 안경을 쓴다. 도수가 다양한 안경 알을 넣어가며 시력을 체크한다.

시력 검사 차트 대신 보행자의 모습을 보여주면 어떨까? 본인의 시력에 맞는 알을 착용할수록 도로가 선명하게 보인다. 게다가 도로의 제한 속도를 알려주는 표지판도 동그란 모양으로 안경알과 닮았다.

기획은 이렇다. 누군가 오른쪽 눈에 70km의 안경알을 넣어준다. 그럼 왼쪽 안경알에 사람이 전혀 보이지 않는다. 이제는 60km의 안경알을 넣어준다. 그럼 사람이 흐릿하게 보이기 시작한다. 속도를 내릴수록 사람이 보인다. 이번에는 50km의 안경알이다. 이제 책가방을 맨 아이가 나타난다. 이처럼 속도를 줄이니 한 생명이 너무 잘 보인다. 이제 이 아이디어를 정박시킬 메시지가 필요하다.

"10km만 줄여도 한 생명이 보입니다."

특별한 얘기를 하고 싶어서, 오히려 특별하지 않은 상황을 가져왔다. 기획은 바로 여기에 숨어 있다. 안경을 맞춰본 사람은 안다. 안경점에 가면 특수 안경으로 시력을 맞춘다는 것을. 이것은 지극히 일상적인 경험이다. 우리 삶에서 흔히 일어나는 일이다. 운전 역시도 누구나 하는 일상적인 경험이다.

운전대를 잡아봤다. 눈앞으로 수많은 생명들이 오고 간다. 장바구니를 들고 가는 아주머니, 폐지를 담은 리어카를 힘들게 끌고 가는 할머니, 학교를 마치고 집으로 돌아가는 초등학생이 보인다. 속도를 올려 본다. 이들이 사라진다. 오로지 앞차의 번호판만 보이고 생명이 보이지 않는다. 가속 페달에서 발을 뗀다. 조금 전까지 보이던 사람들이 다시 나타난다. 속도를 줄이니 생명이 보이기 시작한다.

생명을 다루는 광고를 할 때 광고인은 마치 의사가 된 것처럼 고결하고 중요한 일을 하는 것만 생각해야 한다. 이 광고로 63.6%의 생명을 살릴 수 있다면 그것보다 보람 있는 일이 어디 있을까.

우리는 오늘도 고민한다. 브랜드를 어떻게 알릴까? 어떤 메시지를 내놓아야 사람들이 관심을 가지고 볼까? 시장에서 통하는 얘기를 어떻게 만들 수 있을까? 거창한 얘기는 필요 없다. 사람들은 지극히 현실을 살아간다. 그런 타겟에게 초현실적인 얘기는 불필요하다. 우리가 살면서

경험했던 것들, 삶 속에 흔히 일어나는 이야기를 가져와야
한다. 그런 다음 내가 알려야 할 브랜드를 접목해야 한다.

# 30

## 인공지능 시대의 광고 만들기

"모든 직업이 사라지는 시대가 왔어요".

우리나라에서 최초로 유튜브 학원을 만든 박정일 대표의 말이다. 생성형 인공지능이 광고 카피를 써주고 그림에 영상까지도 만들어주는 세상이다. 영상 편집을 위해 화려한 템플릿을 제공하는 어플도 많다. 자동화로 쇼츠 광고를 찍어낼 수도 있고, 성우 뺨치는 AI 목소리도 자동으로 만들어진다.

여러분은 광고를 잘 만들고 싶다는 마음에 이 책을 집었을 것이다. 그런데 내 일이 사라질지 모른다니, 괜히 사기를 꺾는 건 아닌지 모르겠다. 그러나 이 책은 진심, 좋은 광고를 만드는 데 도움을 주고자 썼다. 그렇다면 인공지능 시대를 맞아 우리는 어떤 일을 해야 하고, 광고를 만든다면 어떤 광고를 만들어야 하는지, 고민해보자.

결론부터 얘기하자면 결국 "어떻게 비즈니스 할 것인가?"의 문제다. 나는 '디지털 트랜스포메이션'이라는 단어에 집중한다. 이게 뭔지 왜 중요한지는 굳이 설명할 필요는 없을 것 같다. 한마디로 '디지털에 없는 것은 없는 것'이라는 생각으로 마케팅을 하는 것이 필요하다.

오프라인에서 물건을 소개하고 파는 것은 자영업에 머물 수밖에 없다는 것이 내 생각이다. 그런 점에서 보면, 과일 가게 사장님이나 치과 원장님이나 크게 다르지 않다. 전혀 다른 업종이고 다른 일 같지만, 내가 있어야만 가게는 돌아가고 환자들은 올 수 있다. 내가 없더라도 돌아가게 만드는 것이 사업이고, 이때 가장 잘 활용할 수 있는 것이 온라인이다. 쉽게 말해 원거리에서도 일을 볼 수 있고, 매장이 없어도(내가 면대 면으로 얼굴 내밀지 않아도) 24시간 멈추지 않고 돌아가야 한다. 이때 인공지능을 어떻게 써먹느냐가 핵심이다.

다음으로 "어떤 광고를 만들어야 하는가?"를 한 번 생각해보자. 앞에서도 언급한 것처럼 자영업이 아니라 사업이 되기 위해서는 온라인이 필수다. 온라인에서 발견되지 않으면 없는 것이나 마찬가지라고 했다. 온라인 시장에서 전쟁하기 위해서 중요한 것은 어떤 무기로 싸우느냐이다. 나는 그 무기를 '콘셉트'라고 여러 번 강조했다.

콘셉트가 명확하고 분명할수록 전쟁터에서 이길 확률은 커진다. 반대로 콘셉트 없이 온라인으로 나가면 불보듯 뻔한 일이 연출된다. 광고비를 많이 투자해도(노출을 극대화해도) 효율은 그다지 나지 않는다.

콘셉트는 온라인에만 필요치 않다. 오프라인든 온라인이든 시장의 본질은 같다. 브랜드가 설득해야 할 대상은 '사람'(고객)이다. 꽃을 든 남자로 어필할지, 츤드레한 남자로 다가갈지 미리 정해져 있어야 한다. 컨셉을 정하는 것에서도 인공지능은 얼마든지 우리에게 도움을 줄 수 있다. 어떤 계층이 어떤 것에 호기심이 있고, 무엇을 어필했을 때 반응이 있을지의 예측도 인공지능을 통해 확인할 수 있다.

인공지능이 우리 일자리를 뺏고 모든 직업을 망하게 하

는 시대를 만든다는 발언은 인공지능을 경쟁 상대로 생각하기 때문에 나오는 발언이다. 누가 등장하고 사라지는 구도로 보면 안 된다. 협력의 대상으로 생각하는 순간, 내 일을 더 잘할 수 있도록 도와주는 파트너가 될 수 있다.

광고 의뢰를 받으면 참 외로울 때가 많았다. 공식이 없는 문제를 풀어 답을 찾아가는 과정이 매우 외롭고 힘든 적이 많았다(지금도 아니라고 말할 순 없다). 하지만, 생성형 인공지능의 하나인 챗GPT의 등장은 그러한 외로움을 조금 덜어주었다.

나는 광고 의뢰를 받으면 고민의 영역에 나 자신을 빠트린다. 그 속에서 접영도 하고 배영도 하며 생각의 바다를 헤엄친다. 그러면서 답을 찾기도 하지만, 운이 나쁘면 익사 직전까지도 간다. 이때 챗GPT에게 물어본다. "내 생각은 이런 데, 네 생각은 어떠니?"

고백하자면 지금까지 챗GPT가 나를 만족시킬 정도의 반짝이는 아이디어를 제안한 적은 없었다. 기획과 카피라는 것이 매우 예민한 영역이다 보니 광고주에게 들고 갈 정도의 아이디어를 덜컥 내놓을 정도로 인공지능이 알아서 답을 해주진 않는다. 하지만 챗GPT와 티키타카를 하며 이런저런 얘기를 이어서 하다보면, 방향성을 잡는데 도움을 얻을 때가 있다.

챗GPT가 지금 수준에서 조금 더 발전한 정도에 머무를지, 혹은 정말로 광고주에게 바로 가져갈 정도의 기획안과 카피를 내놓을지는 잘 모르겠다. 하지만 난 긍정적으로 생각한다. 그에 맞춰 언젠가는 광고회사와 광고인의 역할도 달라져야 하지 않을까 싶다. 사라지는 게 아니라 변하고 바뀌는 것이다. 그럼에도 아직은 인간만이 할 수 있는 감성적인 아이디어를 내고 제안하고 싶다.

# 3부.
# 광고인으로 잘사는 습관
# (커리어)

# 31

# 광고인의 습관

어쩌면 우리는 그 사람보다 그 사람의 습관을 더 좋아하는 것은 아닐까? 한 사람을 설명하는 데 있어 습관을 빼먹고는 뭔가 완성되지 않는 것 같다.

우리가 열광하는 인기 유튜버들도 자신만의 지독한(?) 습관으로 인플루언서가 되었다. 글을 쓰는 습관 없이 소설가가 된 사람이 없는 것처럼 콘텐츠를 만드는 습관 없이 유튜버가 되었을 리가 없다. 광고인도 마찬가지다. 이 책을 집어든 분들 역시도 '광고를 잘 만드는(기획하는) 습관' 나아가 광고인으로 사는 분들의 깊숙한 습관까지 알고 싶어 이 책을 선택했을 것이다. 크리에이티브한 직업인데, 진짜 그들의 습관은 창의적일까, 어떤 습관 덕에 창의성이 샘솟는 것일까? 나도 그들의 습관을 따라 한다면 크리에이티브해질 수 있을까? 이런 생각을 했을 지도 모르겠다.

일단, 광고인은 "지독한 수집가"이다. TV에서 종종 수집(?) 강박증을 가진 사람을 볼 때가 있다. 물건을 버리지 못해 집 안은 쓰지도 않는 물건들로 가득하다. 사람 누울 공간조차도 없다. 이들을 볼 때마다 나는 나의 직업을 떠올린다. '저들은 물리적인 것에 집착하지만 나는 보이지 않는 생각에 집착하고 있구나'하고 말이다. 머릿속에 한 번 들어온 생각은 좀처럼 버리기가 쉽지 않다. 언제 어떤 아이디어로 가공되어 세상에 나올지 모르기 때문이다. 그래서 떠오르는 순간 바로 메모해 둔다. 요즘은 스마트폰의 힘을 빌리다 보니 기록과 저장이 참 편하다. 에버노트, 네이버 메모, 업노트 등 좋은 어플이 너무 많다.

내 생각만으로는 한계가 있다고 느껴질 때가 있다. 그때는 워런 버핏이나 스티브 잡스, 일론 머스크를 만나러 간다. 독서를 통해서 말이다. 독서는 인간이 할 수 있는 가장 가성비 좋은 투자다. 수억 원을 줘도 만나기 힘든 사람을 단돈 2만 원이 안 되는 금액으로 대화를 나눌 수 있다. 책 속의 좋은 문장도 잊지 않고 수집한다. 거기에 생각 한 스푼을 얹어 아이디어를 확장시키기도 한다. 멋진 아웃풋을 위해 계속해서 인풋을 가하는 것이다.

수집 다음으로 중요한 습관은 "다른 선택"이다. 하루는 수많은 선택으로 이루어져 있다. 지인을 만나기로 한 날, 흰색 셔츠를 입을지 검은색 셔츠를 입을지도 중요한 선택이다. 약속 장소로 가는 길, 어떤 교통편을 이용할지도 선택이다. 카페에서는 아이스 아메리카노를 주문할까, 카페라테를 주문할까도 선택이다. 우리는 매일 엄청난 선택을 하며 살아간다.

광고인은 여기서 좀 다른 티가 난다. 지금까지 해왔던 선택과는 다른 선택을 매번 하려고 한다. 그래서 단골집을 만드는 것만큼이나 처음 가보는 집에 집착한다. 오래된 지인을 만나는 것만큼 새로운 사람을 소개받는 것도 좋다. 경험의 영역이 넓어지면 생각의 영역 또한 넓어진다고 믿기 때문이다. 새로운 사람을 만나 대화해야 새로운 아이디어를 얻을 수 있다. 이런 이유로 매번 다른 선택을 한다.

그 다음은 "사람을 관찰"하는 습관이다. 이 일을 하면서 더욱 깊이 깨닫는 것은 모든 광고는 사람을 향한다는 사실이다. 우리는 사람을 위해 광고하거나 기획한다. 단 한 번도 로봇을 위해 광고한 적은 없다.

지하철을 타면 사람들의 옷차림을 관찰한다. 그러면서 어떤 컬러가 유행인지, 어떤 스타일이 유행인지 파악한다. 만원 지하철을 타면 상대방이 어떤 어플을 이용하는지 슬쩍 살펴보기도 한다. 사람에 대한 관찰은 고스란히 트렌드를 파악하는 습관으로 이어진다. 트렌드는 본능, 욕망, 꿈이 흘러가는 흐름이다. 그래서 트렌드의 가장 깊숙한 곳으로 사람과 돈이 몰린다. 광고는 그런 곳에서 필요로 한다. 광고는 지극히 인문학적이면서 상업주의적 욕망의 끝에 있다.

다음은 "낯선 것에 대한 익숙함"이다. 앞서 얘기한 다른 선택을 한다는 것과도 비슷할 수 있다. 광고인은 의도적으로 낯선 것을 찾는다. 낯선 단어, 낯선 표현, 낯선 사람, 낯선 장소 등 낯설지 않은 것은 절대 찾지 않는다. 죽은 것이나 다름없다고 생각하기 때문이다.

인플루언서 브랜드보이가 쓴 『믹스』라는 책이 마케터나 광고인들에게 많은 사랑을 받았다. 책은 브랜드의 서로 다른 특성이 믹스되어 새롭게 보이는 사례를 소개했다. 믹스를 강조한 이유도 낯섦에 대한 사람들의 욕구를 잘 알고 있기 때문이다. 스포츠 의류 브랜드 휠라의 다소 올드한 이미지가 막대 아이스크림 메로나와 믹스되면서 화제를 끌었던 것도, 의류 회사 베네통에서 기획한 앙숙인 두 국가의 원수가 키스하는 장면도 결국 낯섦 때문이다.

광고인의 습관 마지막은 "한 단어"이다. 결국 모든 브랜드는 메시지를 담고 있다. 볼보는 세상에서 가장 안전한 차를 만든다는 메시지, 토스는 금융을 쉽고 간편하게 하겠다는 메시지, 에어비엔비는 어디에서나 우리 집처럼 편안하게 지낼 수 있다는 메시지를 갖고 있다. 좀 더 줄여보면 코카콜라는 '청량함'이고, 나이키는 '도전'이다.

사람도 마찬가지다. BTS의 한 단어, 임영웅의 한 단어, 손흥민의 한 단어가 있다. 브랜드도 마찬가지다. 한 단어로 기억되어야 한다. 우리가 어떤 식당에 가든, 어떤 도시에 가든, 어떤 사람을 만나든 광고인은 한 단어를 찾는다. 그런데 이 얘기를 하다 보니 조금 서글퍼지기도 한다. 우리가 얼마나 빠르게 잊혀지는 사회에 살고 있는지, 얼마나 사람들이 광고를 싫어하는지(관대하지 않은지) 알것 같기 때문이다. 광고에 관심을 둘 수 있는 2~3초 안에 승부를 봐야 하니 한 단어에 집착한다. 그렇지만 3초의 승부라는 매력이 있다 보니 또다시 진검승부의 주인공이 되는 걸 마다하지 않는다.

이제 당신 차례다. 내가 갖고 있는 습관은 다 털어놨으니, 그걸 당신 것으로 만들 것인지 말 것인지는 당신의 판단에 달려있다.

# 32

# 가장 두려운 광고주

"토마토가 빨개지면 의사의 얼굴은 파래진다."

그만큼 토마토가 건강에 좋다는 말이다. 그렇다면 광고
인이 가장 두려워하는 것은 무엇일까? 갑질하는 광고주?
아니면 광고를 할 수 없을 정도의 불경기? 아니다. 정답은
그저 묵묵히 본질에 집중하는 광고주이다. 나는 그런 광고
주가 제일 무섭고 그리고 가장 존경스럽다. 재미있는 사례
가 있어 소개해 보고자 한다.

"가슴에 돌덩이가 앉은 듯합니다."

내가 아는 한 변호사는 이 말을 달고 살았다. 본인이 수

임한 사건을 두고 하는 말이었다. 당연한 듯하지만 당연하지 않은 말이다. 변호사도 사람이고 일과가 끝난 후에는 자기 시간을 가져야 할 권리가 있다. 소주에 닭볶음탕을 안주 삼아 아침 해를 조우할 때까지 술을 마실 수도 있고, 팔공산 자락에서 차박을 하며 캠핑을 즐길 수도 있다. 하지만 그는 그렇지 않았다. 의뢰인의 사건을 온몸으로 감당하고 있었다. 마치 본인이 피고가 된 것처럼 말이다. 그러니 과음도, 캠핑도 할 수 없었다. 변호사는 이미 자신이 사건 속의 주인공이 되어 있었다.

"너무 갑갑하게 사는 것 아니냐"라는 말에 변호사는 이렇게 답했다. "의뢰인의 고통을 알아야 더 집중할 수 있습니다." 그리고 "제가 쓰는 서면(법원에 제출하는 변론문)은 제 얼굴이나 다름없습니다."

지극히 본질에 충실한 태도였다. 그런 태도는 내게 적지 않은 충격을 줬다. 그때부터 나는 그를 카피하기 시작했다. 본질에 집중하는 그의 태도를 좇아, 광고주의 매출이 떨어지면 우리 회사의 매출도 함께 떨어지는 것으로 생각했다. 그리고 광고주의 사업장 주변으로 유사 브랜드가 오픈하면 같이 위기의식을 가졌다. 그리고 경쟁에서 살아남는 방법을 고민했다. 고민이 생기니 광고주에게 한 번 더 전화하게 되고, 미팅도 한 번 더 요청하게 되었다.

광고회사의 관심을 싫어하는 광고주는 세상에 없다. '우리 브랜드를 이렇게 신경 쓰고 있구나'라는 생각을 광고주가 하게 되면 신뢰라는 말을 굳이 하지 않아도 광고회사는 전폭적인 지지를 받게 된다.

10년 가까이 광고 일을 하며 다양한 성향의 광고주를 만났다. 정에 호소하는 광고주, 돈이면 다 된다는 광고주, 일 시키고 잠수 타는 광고주 등 참 다양했다. 하지만 결국 잘되는 광고주는 본질에 집중하는 광고주였다. 광고가 메인이 아니라 철학이 중심이 되는 브랜드를 갖고 있는 광고주 말이다. 그들은 묵묵히 '어떻게 고객을 만족시킬 수 있을까?' '어떻게 고객이 우리와 사랑에 빠지게 만들까?'를 고민하는 사람들이다.

본질에 도달하는 길은 두렵고 무한한 인내심을 요구한다. 빨리 갈 수 있는 지름길은 아니다. 그리고 사업을 하면서 무수한 변칙적인 지름길이 눈에 들어온다. 누군가 광고비를 1억 원을 쓰면 나는 1억1천 원이라도 써야 할 것 같다. 하지만 정작 사업을 해보면 가장 빠른 지름길은 결국 본질에 집중하는 것임을 알게 된다. 가장 느린 것 같지만 가장 빠른 길이다.

　의뢰인의 사건을 자기 일처럼 감당한 변호사는 지금쯤 어떻게 되었을까. 개업 1년 만에 고객이 줄을 서더니 현재는 법무 법인을 설립했다. 아마도 법정에서 상대방 변호사가 서면에서 법무법인 맑은뜻의 강수영 변호사라는 이름을 발견했을 때는 이런 생각을 할 것이다. '아, 이번 사건 어렵겠구나.' 이게 다 본질 때문이다.

# 33

# '재능 없음'을 이겨내는 습관

스물 여섯 살에 처음 광고를 만나게 되었다. 당시 영문과에 재학 중이던 나는 친척의 권유로 광고에 관심을 가지게 되었고, 재학 중 학교를 그만두고 미국 유학을 떠났다.

뒤늦게 꿈을 찾았지만, 미국에서의 대학 생활은 두려움뿐이었다. 대학 1학년부터 광고를 공부한 친구보다 실력적으로 좋을 게 하나도 없고 영어도 서툴렀다. 아무리 열심히 해도 이 차이를 극복하기는 쉽지 않아 보였다. 하지만 뒤늦게 시작한 공부는 너무 재미있었다.

부족한 채로 시작한 공부였지만 어떻게 하다 보니 지금

의 광고회사까지 창업하게 되었다. 하지만 창업하고 나서 또 깨달았다. 내가 광고를 좋아하는 건 분명하지만, 나에게 천재적인 재능은 없구나 하는 사실을 말이다. 어렵사리 광고 의뢰를 받게 되면 기쁘면서도 부담이 되었다. 직원들의 월급 걱정을 덜 수 있다는 생각에 기쁘기도 했지만, 좋은 아이디어를 내야 한다는 사실에 부담도 컸다.

창업 이후 지난 9년의 시간을 돌아보면 어떻게 해서든 악착같이 아이디어를 찾아 제안서를 만들고 발표를 했던 것 같다. 밥을 먹으면서도, 잠을 자면서도 아이디어에 집착했다. 늘 생각과 싸웠다. 그런데 그렇게 싸우던 어느 날 꾀가 났다. 버튼을 누르면 내가 원하는 아이디어가 나오는 자판기 같은 게 없을까, 하는 생각이 들었다.

자판기의 기능은 이렇다. 신발, 옷, 병원, 대학, 공공분야의 버튼을 누르면 광고 아이디어가 툭 떨어지는 자판기. 이런 자판기를 만들 수 있겠다 싶었다. 그것은 바로 매일 10개의 카피를 쓰는 일이었다. 마치 습관처럼 말이다.

특정 회사의 제안 PT가 있고 없고를 떠나서 매일 카피를 썼다. 10개라는 숫자가 결코 많은 숫자는 아니지만 10일이 지나면 100개가 되고, 30일이 지나면 300개가 된다.

매일 꾸준히 10개의 카피를 썼을 뿐인데, 한 달이 지나고 나면 300개의 카피가 자동판매기 속 음료처럼 대기 중인 상태가 된다. 물론, 이 중에서 쓸 만한 카피는 10%도 채 안 된다. 그럼에도 이렇게 모아두면 든든하다. 이렇게 모은 300개의 카피 중 한두 개만 카피로 탄생해도 대성공이다. 이제는 광고주와 마주할 일이 그렇게 스트레스만은 아니다. 광고주의 요구 사항을 듣고 회사로 돌아와 아이디어 (카피) 자판기의 버튼을 누르기만 하면 된다.

반복의 힘은 무섭다. 나의 '재능 없음'을 이겨낸다. 아무리 글을 못 쓰는 사람이라도 매일 쓰면 실력이 늘기 마련이다. 그 과정은 고통스럽다. 하지만 그러다 보면 근육이 붙는다. 어느 정도의 근육이 붙으면 웬만한 통증쯤은 느껴지지도 않는다. 나는 광고주의 오펜스를 단단한 근육으로 디펜스하는 셈이다.

광고 업계에 들어와서 남들의 재치와 재기를 보고 좌절하는 사람이 많다. 상사의 기대치, 의뢰인의 기대치, 동료의 재능을 보면 나의 능력을 한탄하게 되고 내가 길을 잘못 들어선 게 아닐까 생각이 들기도 한다. 우리 회사 직원들 중에 그런 친구가 보일 때면 나는 슬쩍 불러 자판기 이야기를 해준다. 나처럼 재능 없는 사람도 습관의 힘을 빌려 해내고 있다고 얘기해준다.

재능이 없다는 생각이 들 때는 습관을 만들자. 그리고 비가 오나 눈이 오나 그 짓을 하자. 그러다 보면 실력이 늘고, 누가 툭 치면 아이디어가 탁 하고 나오는 때가 온다. 그런 근육이 붙는 날이 온다.

# 34

## 나의 매력 만들기

(1)

"Think different"(씽크 디퍼런트)는 애플의 슬로건이다. 우리는 회의 때마다 애플의 철학을 빌려 온다. '다르게 생각해보자' 더군다나 우리는 광고회사니 다른 관점은 더더욱 필요하다. 하지만 진짜 필요한 것은 씽크 디퍼런트보다 나이키의 "Just do it"(저스트 두 잇)이다.

창업 초반, 영업을 나가면 꼭 재미있는 에피소드 하나를 건져서 돌아오곤 했다. 그중에서 가장 기억에 남는 사건이 바로 '상인동(대구) 복사기 사건'이다. 벌써 10년 전

이야기다.

나는 특이한 브랜드가 눈에 뜨일 때면 바로 광고하고 싶다며 노크를 했다. 사전 약속이나 일정 조율도 없이 불쑥 그들을 찾아갔다. 무턱대고 들이대는 것이지만 비장함보다는 밝은 표정으로 들어갔다. 그날도 그랬다.

"안녕하세요. 카피라이터 김종섭이라고 합니다.""카피라이터가 뭔교? 카피는 복사 아닙니까? 저희는 복사기 필요 없는데예. 나가이소."

나는 복사기가 아닌데 복사기라는 오인을 받고 발걸음을 돌려야 했다. 헛헛한 웃음만 돌았다. 그 뒤로도 나는 수없이 많은 거절을 당하고 퇴짜를 맞았다. 그렇다 보니 거절당하지 않으려면 어떻게 해야 할까, 온갖 아이디어를 떠올리지 않을 수 없었다. 그때마다 지금의 나를 있게 해 준 정신은 애플보다는 나이키였다. 무턱대고 들이대는 것이 나에겐 저스트 두 잇 이었고, 퇴짜 맞지 않으려고 고민하는 것도 저스트 두 잇 이었다.

다르게 생각하는 것에도 분명 장단점이 있다. 큰 틀에서는 다르게 생각하는 것이 빛을 발한다. 하지만 그만큼의 시간도 정체된다. 사업에서 시간은 돈보다 귀하다. 일단

해보면 현장의 소리를 듣게 되고, 사람의 마음을 알게 되고, 무엇이 틀렸는지 맞는지도 알게 된다.

이런 우스갯소리도 있다. "교수가 창업하면 다 망한다." 책 속에는 현장이 없기 때문이다. 그 점에서 보면 소상공인은 정말 위대하다. 현장에서 매일같이 고객을 만나 얘기를 듣는다. 질책의 말도 듣고 호의의 말도 듣는다. 그러면서 조금씩 영점을 잡아간다.

피겨 여왕 김연아 선수도 인터뷰에서 비슷한 말을 했다. "그냥 하는 거지 뭐."

(2)

걸그룹을 분간하기 힘들어졌다. 내가 아재가 된 탓이라고 생각하지만, 정말 봐도 봐도 그 사람이 그 사람 같다. 외모는 물론이고 이름마저도 비슷하다. 그럼에도 누구는 스타가 되고, 누구는 기억속으로 사라져 간다.

한국만큼 경쟁이 치열한 나라가 있을까? 그리고 한국만큼 트렌드에 민감한 나라가 있을까? 누군가가 유명해지면 그 사람을 따라 하고 싶은 또 다른 누군가가 나타난다. 언젠가 서장훈이 했던 말이 기억났다. "30점을 넣은 게임이 끝나면 왜 31점을 못 넣었을까 후회했다. 15개의 리바운드를 한 날은 왜 16개의 리바운드를 못 했을까 한탄스러웠다. 내가 저기서 바보 같은 짓만 안 했어도 한 점 더, 한 개의 리바운드를 더 했을 것 같은데 게임이 끝나고 경기를 복기할 때는 늘 괴로웠다."

서장훈은 KBL에서 15시즌 동안 뛰며 득점 1만 3,231점과 5,235개의 리바운드 기록을 세웠다. 물론 이 기록은 아직까지 깨지지 않았다. 독보적인 1등이다. 늘 남을 이겨온 그이지만 은퇴 후 그의 인터뷰는 사뭇 놀라웠다. 남을 이겨야 승리하는 스포츠 세계에서 그는 남과 경쟁하지 않고 자신과 경쟁했다. 과정은 고통스러웠을 것이다. 서장훈은 늘 집중 마크의 대상이었기 때문에 상대의 과한 수비로 목뼈가 다치고 엠뷸런스에 실려간 적도 있다. 사고 이후로는 목 보호대를 하고 다시 코트에 나타났다.

다시 걸그룹으로 돌아가 보자. 나는 여태 제2의 아이유, 제2의 제니가 인기를 얻는 것을 본 적이 없다. '제2의 누구'는 대개 무척 예쁘고 잘 생겼다. 하지만 어필할 매력이 없다. 이미 대중은 제1의 그(그녀)의 매력을 맛보았기 때문이다. '모난 돌이 정 맞는다'라는 말이 있다. 소속사에서 걸그룹을 키울 때 좀 다른 모양의 특출난 멤버가 있으면 둥글게 깎고 다듬어서 우리가 알고 있는 아이돌처럼 만든다. 이 과정이 아주 매력적인 보석을 깎아 매력 없는 돌멩이로 만들어 버리는 것일 때도 있다. (물론 그 반대인 경우도 있겠지만.)

직장에서, 사회에서, 시장에서 남들과 경쟁하려 할 때 내면의 소리에 귀 기울이자. 가슴 저 밑의 아주 깊숙한 곳에서 올라오는 말에 귀 기울여 보자. 그것이 당신의 매력이다. 남들은 죽어도 가지지 못하는 것을 당신은 이미 가지고 있다. 남들처럼 되려 하지 말고 남들과 경쟁하려 하지 말자. 온전히 당신이 되어라. 완전히 당신을 이겨라. 이것이 남들과 싸워서 절대 지지 않는 방법이다.

# 35

## 전국의 예비 광고인들에게 답합니다

아침에 출근해 컴퓨터를 켜면 메일이 잔뜩 와 있다. 그 중의 상당수는 광고인을 꿈꾸는 광고 지망생들의 편지다. 주로 광고와 광고인에 관한 질문이 많다. 예전에는 일일이 답을 해줬는데, 그렇게 하지 못한지 꽤 되었다. 마음 한편으로는 미안함이 없는 것은 아니지만, 신문 칼럼이나 여타 미디어(혹은 책)으로 충분히 답을 주고 있다고 생각한다.

이번 글에서는 내가 평소 이메일을 통해 자주 받았던 질문을 나열하고 답을 써 내려가 보려 한다.

**질문1)** 광고는 소비자의 생각이나 행동에 영향을 미치기 위한 설득 커뮤니케이션이라고 할 수 있습니다. 소비자의 심리를 잘 파악하려면 소비자와 어떤 커뮤니케이션이 필요하다고 생각하시나요?

**답변1)** '광고는 그 브랜드가 하고 싶은 말을 하는 것'이라고 많은 분이 오해합니다. 그렇지 않습니다. 광고는 소비자가 무슨 말을 듣고 싶어하는지 찾는 게임입니다. 소비자가 어떤 말을 듣고 싶어하는지 브랜드는 끊임없이 고민해야 합니다. 그리고 그 고민을 광고 속에 온전히 담아내야 합니다.

브랜드와 소비자의 관계는 연인 사이와도 같습니다. 연인은 상대가 무엇을 원하는지 끊임없이 고민합니다. 상대방과 눈높이를 맞추고 그(그녀)가 원하는 것이 무엇인지 계속 살핍니다. 소비자의 심리를 파악하는 것도 마찬가지입니다. 병원의 원장님은 광고에 본인이 쓴 의학 논문을 넣고 싶어합니다. 하지만 환자들은 무슨 말인지도 모릅니다. 이럴 때 커뮤니케이션의 불균형이 벌어집니다.

소비자를 끊임없이 파악하고 눈높이를 맞춰야 공감이라는 요소가 탄생합니다. '공감'하지 못하면 사람들은 그냥 돌아서 버립니다.

**질문2)** 광고주에게 저의 아이디어가 훌륭한 솔루션이 될 것이라는 확신을 주기 위해서는 어떻게 해야 하나요? 평소 광고주를 설득하기 위해 사용하는 방법이 있다면 무엇인가요?

**답변2)** 우리 뇌는 본능적으로 불확실한 것을 싫어합니다. 확실하고 예상 가능하며 구체적인 것을 좋아합니다. 광고주가 내가 낸 아이디어를 믿지 못한다면, 저는 광고인으로서 경험했던 다른 브랜드 사례를 설명합니다.

"A 브랜드 역시 그런 문제가 있었는데 이런 방법을 써 보니 해결되더라." 이런 사례를 들으면 광고주가 안심하는 경우가 많았습니다. 하지만 광고인의 역할은 여기까지입니다. 미래의 일을 너무 확신하거나 보장한다면 그 역시 진실한 설득은 아닙니다. 그래서 솔직하게 저를 믿고 따라와 달라고 말합니다. 100% 성공할지는 몰라도 실패의 가능성을 조금은 줄일 수 있는 것이 광고인의 역할이라고 설득하는 편입니다.

**질문3)** '좋은' 광고의 기준이 무엇이라고 생각하시나요?

**답변3)** 좋은 광고는 사람들이 좋아하는 광고입니다. 한때 상(award)에 집착한 적이 있었습니다. 특히 유명한 심사위원이 주는 상을 받으려고 무진장 애를 썼습니다. 하지만 상을 받는다고 좋은 광고가 되는 것은 아닙니다.

광고주가 생존해야 하는 시장은 무척 차갑고 냉정합니다. 웬만해선 마음을 움직이지 않고 지갑도 열지 않습니다. 심사위원보다 소비자가 훨씬 더 냉정합니다. 좋은 광고뿐 아니라 좋은 노래, 좋은 그림도 마찬가지입니다. 평론가보다는 대중이 좋아해 줄 때 진짜 좋은 광고, 좋은 노래가 됩니다.

**질문4)** 얼마 전까지 펜데믹이 우리 사회의 큰 이슈였습니다. 커다란 사회적 변화에 맞서 광고인들은 어떤 식의 대응을 해야 할까요?

**답변4)** 광고는 사람을 따라갑니다. 광고는 시대를 따라가고 문화를 따라갑니다. 그런 관점에서 '광고=삶'입니다. 펜데믹이 광고계에 어떤 영향을 미쳤느냐는 질문은 펜데믹이 우리 삶에 어떤 영향을 끼쳤는지 생각해보면 쉽게 알 수 있습니다.

더 나아가 광고는 시선을 다르게 보는 것입니다. 광고에서는 좋은 것이 나쁜 것이 되기도 하고 나쁜 것이 좋은 것이 되기도 합니다. 관점을 다르게 하면 판을 뒤집을 수 있습니다. 대면으로 장사가 안되니 드라이브 스루로 완판한 사례가 있고, 호주의 어느 샌드위치 가게는 5층에 입점하는 바람에 샌드위치에 낙하산을 묶어 1층으로 떨어뜨리기도 했습니다. 다양한 각도에서 문제를 바라보는 시선이 중요합니다.

**질문5)** 대중의 눈을 한눈에 사로잡는 헤드라인을 써야 하는 기자도 '카피라이터'라고 생각합니다. 메시지 전달력을 최대로 높이는 헤드라인을 쓰기 위해서 기자는 어떤 자질이 필요한가요?

**답변5)** 광고인은 광고주의 메시지를 소비자의 언어로 바꾸는 일을 합니다. 그것이 카피라이터의 역할입니다. 기자 역시 마찬가지입니다. 기자나 전문가에게는 쉬운 말이 독자에게는 쉽지 않을 수 있습니다. 사실을 가공하지 않는 선에서 얼마나 쉽게 독자에게 말할 수 있느냐가 가장 중요한 자질입니다.

**질문6)** 자신의 광고회사를 홍보해야 한다면, 대표님은 TV, 신문, 잡지, SNS 중 어떤 것을 선택할 건가요? 그리고 선택의 이유는 무엇일까요?

**답변6)** 질소 과자를 풍자한 대학생들이 과자 봉지로 배를 만들어 한강을 건너는 일이 있었습니다. 그런데 건너편에는 이들을 취재하기 위해 온 CNN 기자가 있었습니다. 학생들은 퍼포먼스를 한다고 어딘가에 광고한 적이 없습니다. TV, 신문, 전광판, 라디오 등으로 광고하지 않았고 SNS를 통해서 잠깐 소개했을 뿐입니다. 하지만 과자 봉지로 배를 만든다는 아이디어가 재미있고 강력하니 해외 기자들까지 몰려들었습니다.

우리 회사를 광고한다면 매체보다는 기획에 의지하는 것이 중요하다고 말씀드리고 싶습니다. 아이디어에 따라 매체를 맞추는 것이지, 미리 매체의 종류를 선정할 필요는 없습니다. 매체가 담지 못할 신선한 아이디어가 나올 수도 있으니까요.

**질문7)** 앞으로 5년 뒤, 광고계의 동향은 어떻게 바뀔 것으로 예상하시나요?

**답변7)** 5년 뒤라면, 광고는 나를 가장 잘 아는 친한 스토커가 되어 있을 것입니다. 너무나 나를 잘 알고 나를 위로해주며 나에게 집착하는 친구이자 스토커 같은 존재. 그리고 광고에도 부익부 빈익빈 현상이 나타날 것입니다. 내가 부자라면 명품 광고가 따라다닐 것이고, 가난하다면 일회용품 광고가 따라다닐 것입니다. 이걸 바람직하다 바람직하지 않다라고 판단하는 것은 좀 어려운 숙제입니다. 하지만 기억해야 할 것은 광고가 스토커가 된다는 사실입니다.

# 36

# 사장님!
# 한 사람부터 만족시키세요

.

고객들이 아니고 고객이다. 복수가 아니라 단수다. 우선, 한 사람부터 만족시켜야 한다. 하지만 여전히 많은 소상공인 사장님들은 모두를 만족시키려 한다. 그 순간 브랜드는 매력을 잃는다. 모두에게 사랑받으려고 하는 순간 아무에게도 사랑받지 못하는 브랜드가 된다.

이즈음 이런 의문이 생긴다. 단 한 명의 고객이 도대체 누구냐고. 우리 가게에 오신 첫 손님인지, 아니면 그다음 손님인지, 그것도 아니면 가장 돈을 많이 쓰는 고객인지 궁금하다.

우리 브랜드의 첫 고객은 내가 되어야 한다.

오늘도 수많은 스타트업이 망하는 이유는 사업주의 관점에서 서비스를 바라보기 때문이다. '이렇게 기획하고 이렇게 서비스하면 돈을 벌 수 있겠지?'라는 생각을 한다. 지극히 사업주의 관점에서 고객을 본다. 고객은 전혀 그렇지 않은데 말이다.

내가 먼저 고객이 되어서 그 사업을 바라보아야 한다. '나 같으면 이 서비스를 이용하고 싶을까?' '내가 고객이라면 이 비용이 아깝지 않을까?'라는 생각을 집요하게 해야 한다. 그러다 보면 어느 순간 눈이 생긴다. 사업을 객관적으로 보는 눈 말이다. 그 눈을 갖고서 보면 허점이 보이고 불만이 보이고 보완해야 할 것이 보인다. 먼저 내 마음안에서 합격점을 받아야 한다. 그때가 진짜 고객을 맞을차례다.

그런데 소상공인 사장님은 이런 생각을 한다. '아니, 많은 사람들을 만족시켜서 최대한 지갑을 열게 해야지. 한 사람만 만족시켜서 어떻게 사업을 유지해?' 맞는 말이다. 하지만 작은 사업을 시작하는 소상공인에게는 틀린 말이다.

그렇다면 첫 번째 고객인 나 다음으로 만족시켜야 할

단 한 명의 고객은 누구일까? 바로 우리 브랜드에 대해 가장 악평하는 사람이다. 가장 까다롭고, 가장 보기 싫고, 가장 듣기 싫은 소리를 하는 고객이다. 그 고객이 바로 우리 브랜드를 성장시켜줄 유일한 사람이다.

당신이 오늘 닭갈비 집을 오픈했다고 가정해보자. 친척을 비롯하여 지인들이 방문해서 음식을 팔아준다. 그리고 칭찬 일색을 늘어놓는다. "음식 솜씨가 예사롭지 않다" "양념이 끝내준다" 등의 호평을 늘어놓는다. 이 말에 우쭐해지면서 기분이 날아갈 것 같다. 마치 백종원이 된 것 같다. 하지만 진짜 실력은 나와 아무런 연관성이 없는 진짜 고객이 왔을 때 나온다. 고객은 냉정하다. 조금만 불만족스러워도 불평을 한다. 맛있다고 감탄했던 지인의 얼굴이 떠오르지만 때는 이미 늦었다.

까다로운 고객은 디테일을 선물한다. 스타트업의 경우 이러한 디테일이 없는 경우가 많다. 패기는 넘치지만 비즈니스 디테일은 부족하다. 우리는 까다로운 고객을 만나게 된 것에 정말 감사한 마음을 가져야 한다.

내가 만족시켜야 할 한 사람이 정해졌다면 그때부터는 고객을 해부해나가면 된다. 고객의 행동 패턴, 뇌 구조, 기분, 습관, 돈 쓰는 방법, 돈을 대하는 태도 등을 연구한다. 알파고와 대결한 이세돌 9단이 한 수를 두기 위해 상대방의 30수 앞을 고민한다고 했다. 이 정도로 깊에 고민하다 보면 디테일이 생기지 않을 수 없다. 상대방 성향에 집착하다 보면 디테일은 저절로 만들어진다. 이것이 소상공인이 한 명의 고객에게 집중해야 하는 이유이다. 까다로운 고객 한 명도 만족시키지 못하면서 대중을 만족시키려 들면 안 된다. 구구단도 모르는 학생이 미적분을 풀려고 덤비는 꼴과 같다.

가장 보기 싫은 고객을 바라보자. 시선을 피하지 말고 마주하자. 그 고객이 우리 비즈니스의 제일 좋은 교과서이다. 그와 함께 사는 것처럼 사업해야 한다. 그는 내가 하려는 사업의 거울이다. 그럼 어느 순간 가게에 손님이 북적인다. 우리 제품을 구입하려는 사람이 늘어난다. 인스타그램으로도 그 브랜드 참 좋더라는 얘기가 떠돌아다닌다. 광고로는 도저히 할 수 없는 얘기다.

# 37

# '찐' 마케팅에는 이자가 붙는다

"찐."

우리는 '찐'이라는 단어를 남발하는 시대에 살고 있다. "우리 제품은 찐입니다!" "그거 찐인가요?" "그 사람은 정말 찐이야." 사람들은 이토록 '찐'이라는 단어에 목말라하고 있다. 뒤집어 보면 그만큼 '찐'이 없는 시대에 살고 있다는 뜻이다. 가짜가 너무 많은 시대에 우리는 살고 있다.

미국 유학 시절의 일이다. 당시 나는 애틀란타에서 광고 공부를 하고 있었다. 여느 유학생들처럼 넉넉지 않은 상황에서 고군분투하고 있었다. 학교를 마치고 집으로 돌아오는 길에 스타벅스가 있었다. 거기서 라떼를 마시는 사람들이 그렇게 부러울 수가 없었다. 당시 나는 학교 안 뷔페 레스토랑에서 아르바이트를 했었는데, 월급날이 되면 꼭 스타벅스를 가봐야겠다고 다짐했다. 드디어 급여일, 월급봉투를 주머니 깊숙한 곳에 넣고 스타벅스를 방문했다. 그리고 호기롭게 주문했다. 늘 왔던 단골손님처럼 말이다.

"Can I get one cafe latte?"

그렇게 받아든 따뜻한 카페 라떼는 마시기 전부터 맛있었다. 이미 나의 후각은 황홀경에 빠져 있었다. 그런데 라떼를 들고 가벼운 발걸음으로 자리를 잡고 가방에서 책을 꺼내는 순간, 대형 사고가 벌어지고 말았다. 책을 펼치던 못된 손 때문에 컵이 쓰러지면서 라떼가 바닥으로 쏟아졌다. 가슴 속에는 활화산 같은 용암이 분출했고 표정 관리는 기능을 잃었다. 세상을 다 잃은 기분으로 아르바이트생에게 청소 도구를 요청했다. 그는 '그 정도쯤이야 껌이야'라는 표정으로 밀대를 가져와 바닥을 박박 훔쳐냈다. 미안해서 숨고 싶고 허탈해서 도망가고 싶었다.

다시 한 달 뒤의 월급날을 기약하며 아르바이트생에게 "Thank you"라는 말과 함께 자리를 뜨려고 했다. 그러자 웬걸 그는 이미 다른 라떼를 들고서 내 앞에 서 있는 것이 아닌가. 오직 나를 위한 것이었다. 커피를 쏟아 가게를 더럽힌 가난한 동양인 유학생을 위한 라떼였다. 방금 전까지만 해도 가슴 속에 뜨거운 용암이 분출했었는데, 이번에는 뜨거운 눈물이 터지려고 했다. 그때 다시 받아든 라떼는 내 인생 최고의 라떼였다.

아무리 광고판 속 라떼가 맛있어 보이면 뭐할까? 아무리 TV 광고 속 연유 라떼가 달콤해 보이면 무슨 소용이겠는가. 나는 이미 스타벅스에서 황홀한 경험을 했는데 말이다. 이 이상의 찐 마케팅이 있을 수 있을까?

또 다른 사례는 미국이 아니라 경주에서 벌어졌다. 서울에서 경주에 왔다가 찰보리빵을 사간 고객이 있었다. 그런데 자기 집 베란다에 찰보리빵을 둔 사실을 깜빡하고 해외 출장을 다녀왔다. 한참이 지나 집으로 돌아왔을 때 찰보리빵은 이미 유명을 달리하고 있었다. 그는 경주 찰보리빵집에 다시 하나를 더 주문하며, 자신이 어떻게 빵을 사게 되었고, 왜 빵을 먹지 못하게 되었는지를 이야기했다. 얼마나 안타까웠으면 거기다 그렇게 털어놓았을까. 그런데 그 말을 들은 사장님이 더 대박이었다. 곧바로 고객이 구입했던 똑같은 빵을 서울 집으로 배송해주겠다고 했다(무료로 말이다!). '정당한 돈을 지불했지만 찰보리빵을 못 먹은(본인의 부주의가 있었지만) 사실이 안타까운 사장님은 재무제표상, 회계장부상 따질 수 없는 서비스를 베푼 것이었다. 다시 빵을 받아든 고객의 감동은 말을 해서 무엇하랴.

후에 알고 보니 그 고객은 서울의 한 중소기업의 대표이사였다. 찰보리빵 한 박스라 해봤자 24,000원에 불과했지만 대표는 그 서비스에 감동을 받아 100만 원어치의 찰보리빵을 추가로 주문했다.

그 사람이 사회적 위치가 높은 사람이었고, 그런 고객에게 좋은 서비스를 제공한 게 그저 운이었다고만 말하고 싶지는 않다. 진심으로 마케팅을 한다면 반드시 눈덩이처럼 돌아온다. 혼자서 오는 것이 아니라 입소문을 타고 여럿이 함께 나타난다. 진심에는 이자가 있기 때문이다. 그것이 찐 마케팅의 힘이다.

안타깝게도 요즘은 이런 '찐'을 마주하기가 어렵다. 최고의 불경기 속에 사는 우리는 그걸 더욱 체감하고 있다. 그래서 서점에 가면 이런 책들이 많다. '불경기 시대에 세일즈 전략' '불황 이기는 마케팅 전략'과 같은 책 말이다.

경제는 좋아졌다 어려워졌다 하지만, 전혀 바뀌지 않는 것도 있다. 바로 마케팅의 본질이다. '사람' '사랑' '고객'이라는 이 세 가지 키워드는 불경기 시대에도 변치 않는다. 그리고 이 세 가지를 만족시키려면 반드시 필요한 단어가 바로 '찐'이다.

성경의 마태복음 26장에 이런 구절이 있다. "지극히 작은 한 사람에게 한 것이 곧 내게 한 것이니라." 작은 사람에게 정성을 다하기 위해서는 '찐'이라는 단어가 반드시 필요하다. 진심 없이는 성공할 수 없다. 그것이 마케팅이다. 나도 고민해보겠다. 나는 정말 '찐' 광고인인지.

# 38

## 아이디어 뱅크가 되는
## 5가지 방법

"아이디어 좀 내봐"라는 말에 숙연해진다.

제발 나한테까지는 오지 말았으면 좋겠다. 내 옆 사람
도 있고, 내 옆 옆 사람도 있고, 내 뒷사람도 있다. 그런데
왜 하필이면 나한테 아이디어를 요구하는 건가.

아이디어에 쫓길 때면 가끔 꾸는 꿈이다. 아이디어는
'생각'이라는 뜻이다. 우리는 암기하는 방법은 배웠지만
생각하는 방법은 배운 적이 별로 없다. 학교에서도 배운
적이 없다. 도대체 생각이라는 것은 어떻게 해야 할까?

첫 번째는 머리 위에 안테나를 설치하는 것이다. 사실

아이디어는 도처에 널려 있다. 서울 성수동 길에도 있고 부산 해운대 모래사장에도 있다. 사람은 누구나 머리 위에 안테나가 설치되어 있는데, 대부분은 어떤 이유에서인지 전원을 꺼둔다. 아이디어를 구하려는 사람만 전원을 켠다.

전원만 켜도 세상의 많은 아이디어가 보인다. 갈급하면 보인다. 이때부터는 전봇대의 전깃줄이 오선지로 보이고 높은 음자리표를 걸어두고도 싶다. 샌드백을 보면 나를 괴롭히는 상사의 얼굴도 보인다. 아이디어는 스스로 구하려고 하는 사람에게만 나타난다. 아무 생각이 없으면, 머리를 비우면 그냥 빈 것 그대로일 뿐이다. 없던 아이디어가 갑자기 생각나지는 않는다. 의식적인 노력이 필요하다.

두 번째는 기록에 집착하는 것이다. '적자생존' '적는 사람에게 아이디어가 온다'라는 뜻이다. 대단한 내용일 필요는 없다. 사소한 것부터 적고 또 적으면 된다. 가령 친구랑 대화를 나눈 말 중 인상 깊은 말을 기록해보는 거다. 유치원생이 내게 했던 말, 편의점 아르바이트생이 했던 말, 지나가는 할머니가 했던 말 등을 기록한다. 물론, 그들이 했던 말이 그대로 광고판에 옮겨지지는 않는다. 그러나 광고를 만들기 위한 매우 훌륭한 원재료는 될 수 있다.

미국에서 만난 친구 중에는 엄청난 몸무게로 침대에서 일어나는 것이 힘든 아이가 있었다. 그때 한국어가 서툰 한인 친구가 말했다. "쟤는 살이 사라져야겠어." 살 좀 빼야겠다는 말을 한국어가 서툴러 사라져야겠다고 표현한 것이었다. 엉뚱하게 들리는 그 말이 신선했다. 나는 따로 기록해두었다가 나중에 피트니스 광고 카피로 활용했다. "살이 사라진다, 삶이 살아진다."

이렇듯 매우 작은 것도 놓치지 않고 기록하고 곱씹으면 자신만의 언어로 재탄생할 수 있다. 결국 아이디어를 내는 것도 사람이고 아이디어를 주는 것도 사람이다. 내게 필요한 문장과 어떻게 연결할지 고민해보는 것을 일상처럼 해야 한다. 적자생존이 필요한 이유다.

세 번째는 기존의 것을 활용하고 연결하는 것이다. 무에서 유가 나오진 않는다. 사람들은 홈런만 보려고 한다. 그 뒤의 무수한 병살타와 삼진은 보지 않는다. 우리는 늘 만루 홈런을 기대하는 광고주의 박수를 받으며 타석에 들어선다. 하지만 기대가 클수록 어깨에는 힘이 들어가고 결과적으로 아무것도 치지 못한다. 그러다 마음을 고쳐먹는다. 주변의 기대도, 스스로에 대한 욕심도 내려놓는다. 열

번의 타석 중 세 번만 안타를 쳐도 수위 타자가 되고 네 번만 치면 타격왕이 된다는 것만 생각한다. 그리고 무에서 유를 창조하는 사람이 아니라고 생각한다. 그러면 창작의 고통이 덜어지고, 더 나은 아이디어가 나온다.

이미 세상에 새로운 것은 누군가가 다 만들어 두었다. 우리는 조합만 하면 된다. 그것이 창의성이고, 잡스가 말한 'Connecting the dots'이다. 나의 광고 역시 무에서 유를 창조한 것은 없다. 이미 세상에 나와 있는 재료를 가지고서 데치고 익혀서 만든 것일 뿐이다. 무에서 유를 창조한다는 생각으로 작업하면 안 된다. '연결한다'라는 정도로 임해야 아이디어가 보인다.

네 번째는 왕성한 호기심을 장착하는 것이다. 미국 유학 생활 중에서 가장 후회되는 것이 있다. 지질학 수업을 대충 들은 것이다. '나는 어차피 광고회사 취업할 건데 왜 지질학을 공부해?'라는 생각을 했다. 그때만 해도 지질학 수업은 광고와 가장 동떨어진 수업이라고 생각했다. 하지만 지금은 많이 후회된다.

우리가 식사를 거르고 굶기 시작하면 활동이 활발한 세포는 노쇠한 세포를 잡아먹고 영양분을 유지한다. 그 힘으로 우리 몸은 잠시 영양 부족 상태를 견뎌낸다. 아이디어 역시 마찬가지다. 아이디어를 낼 때, 우리가 가진 지식을 전부를 총동원한다. 그리고 지식이 소진되었을 때, 쓸모 여부를 떠나 머릿속의 모든 책장을 뒤져 뭐라도 얻을 게 얻는지 찾는다.

한국에 와서 작업이 막힐 때마다 내가 그때 지질학 공부를 좀 제대로 했으면 어땠을까, 라는 생각을 했다. 만약 그랬다면, 조금이라도 내 생각의 울타리가 넓어지지 않았을까. 마찬가지로 김연아가 빙상과 전혀 상관없는 요리 공부를 했더라면, 마이클 잭슨이 200미터 육상 연습을 했더라면, 어땠을까? 나는 그들이 더 좋은 퍼포먼스를 펼쳤을 것이라고 생각한다.

어떠한 대상을 접할 때, 늘 아이의 눈으로 바라보는 연습을 해야 한다. 아무런 선입견 없이 그 생각을 받아들이는 훈련이 필요하다. 그러면 남들이 하지 못하는 방법으로 표현하게 된다.

마지막 다섯 번째는 좋은 사람을 곁에 두는 것이다. 우리가 받는 스트레스 중 71.8%는 인간관계에서 온다. 이를 거꾸로 하게 되면 인간 관계가 좋고 주변에 좋은 사람이 많으면 스트레스도 그만큼 줄어듦을 뜻한다. 사람과의 대화가 즐거우면 더 번뜩이는 생각을 할 가능성이 높아진다.

이상으로 아이디어가 뱅크가 되는 방법 다섯 가지를 정리해보았다. 다 기억나는가? 혹시 이것 말고 여러분 것이 있다면 무엇인가?

# 39

## 광고 일을 시작하기 전
## 알아야 하는 것들

JTBC 드라마 〈대행사〉가 한창 인기였다. 그때는 만나는 사람마다 "대행사 보는데 소장님 생각이 나더라고요!" 인사를 했다. 한 번은 봐야지 생각했지만 끝내 보지 못했다. 아니, 일부러 멀리했는지도 모르겠다. 내게 드라마는 치열하게 한 주를 보내고 머리를 식히는 용도인데, 쉴 때마저 광고회사에 대한 이야기를 보며 고민에 휩싸이고 싶지는 않았다.

피 끓는 20대 시절 내게 광고는 신세계 그 자체였다. 직접 일을 해본 것은 아니다 보니 모든 것이 멋있게만 보였고, 광고 일을 하는 선배들은 세련됨 그 자체였다. 하지만 학생 때 보던 것과 막상 직장인이 되어서 직접 하는 것에는 많은 차이가 있었다. 아름다움 뒤의 숨은 치열함이 있었다.

이번 글에서는 기회가 있을 때마다 학생들에게 자주 했던 얘기를 옮겨보고자 한다. 정말 광고 일을 평생의 직업으로 삼고 싶다면 다음의 몇 가지를 꼭 기억하라고 말하고 싶다.

첫 번째는 사람을 바라보는 따뜻한 시선이 당신에게 있는지 여부다. 매우 중요한 조건이다. 아시다시피 지금은 모든 상품이 평준화된 세상이다. 상품의 질로 승부한다기보다 해당 브랜드가 소비자 마음을 얻고 친해질 수 있느냐로 승부가 난다. 그래서 광고를 만든다는 것은 소비자와 친구가 되기 위해 손을 내미는 행위와 다를 바 없다. 친구에게 따뜻한 시선은 필수다. 마치 아이처럼 혹은 사랑하는 연인처럼 고객을 보아야 한다. 그렇게 할 때 이들의 마음을 움직이는 기획도 나온다.

두 번째는 정답이 없는 싸움을 할 수 있어야 한다. 광고 일을 하며 내가 정말 간절히 바랐던 것이 공식이다. 『수학의 정석』 같은 책을 보게 되면 공식이 있지 않나. 그 공식에 대입하면 답이 도출된다. 그러나 기획에는 그런 것이 없다. 공식이 없다는 것은 이 일을 무척 힘든 일로 보게도 하지만, 반대로 무척 보람된 일로 바꿔주기도 한다.

어떤 일(광고로 해결해야 할 문제)을 의뢰받으면 계속 그 생각을 붙잡으며 머릿속으로 떠오르는 모든 아이디어를 연결하고 조합한다. 그러다 보면 문제의 주파수와 연결되는 순간이 있다. 처음부터 한 번에 주파수를 찾기는 쉽지 않다. 무수히 많은 생각과 연결을 시도해 보는 수밖에 없다. 돌이켜보면, 나는 이렇게 양으로 승부해 질을 높여가는 방식을 썼던 것 같다.

세 번째는 타인의 삶에 관여할 준비가 되어 있어야 한다. 조금 다른 표현으로는 타인의 삶을 소중히 여길 줄 알아야 한다는 것을 의미한다. 내가 만든 광고로 영향받을 사람을 생각해 보자. 광고를 의뢰한 회사 사장님부터 직원까지 모두에게 영향을 준다. 만약 잘못된 기획으로 광고 예산을 모두 날린다면? 최악의 경우 회사는 쓸쓸히 시장에서 퇴출당할 수 있다. 물론 광고 하나로 회사가 망하거나 하는 일은 없겠지만, 그럴 수도 있다는 각오로 광고를 만들어야 한다.

네 번째는 타인의 삶을 챙기기 위해 나를 돌볼 수도 있어야 한다. 예전에는 광고회사들이 자신들을 혹사시켜 가며 어떻게든 광고주의 요구를 받아주려고 했다. 가령 퇴근 시간이 다 되어 갈 무렵 광고주로부터 전화가 와 대뜸 내일 아침에 기획안을 보자는 요청을 한다. 이 말은 곧 야근을 하라는 암묵적인 지시다. 그러나 요즘은 그런 요청을 하지도 않을뿐더러, 이런 요청에 응할 광고회사도 많지 않다. 예전보다는 확실히 서로에 대한 배려가 많아졌다.

나는 중요한 기획안을 준비할 때면 일단, 몸에 나쁜 것을 극도로 멀리한다. 술, 탄산음료, 인스턴트, 수면 부족 등과 같은 것 말이다. 그런 것을 즐길수록 기획에는 아무 도움이 되지 않는다고 생각한다. 자신을 해칠수록 좋은 기획은 달아나버린다. 생각해 보라. 나쁜 인풋을 계속 몸에 집어넣는데 어떻게 좋은 아웃풋이 나올 수 있겠는가. 즉, 자신을 사랑할 줄 아는 태도가 매우 중요하다.

다섯 번째는 전략가가 되어야 한다. 전략에는 반드시 기승전결이 있다. "이번에 이런 기획을 하면 좋겠군!" 정도가 아니라 "이번 기획이 내년 그리고 내 후년에 브랜드에 어떤 영향을 줄까?"를 생각할 수 있어야 한다. 즉, 지금 단 한 번의 광고가 아니라 멀리 보는 생각을 해야 한다는 것이다.

　마지막 여섯 번째는 감탄력이 필요하다. 우리는 통장 잔고와 상관없이 참 많은 것을 가지고 있다. 심장은 내가 뛰라고 명령하지 않아도 알아서 뛴다(내가 잠을 이룰 때도 뛴다). 걷다 보면 어디든 갈 수가 있으며, 끝내주는 국물 맛을 느낄 수 있는 혀도 있다. 예쁘고 아름다운 것을 감상할 수 있는 눈이 있으며 아름다운 소리를 들을 수 있는 귀도 있다. 나는 이러한 기능들이 오직 인간만이 가지고 있는 재능과 축복이라고 생각한다. 이것 외에도 너무 많다. 일일이 설명하자면 하루가 모자라다.

　그럼에도 우리는 인스타를 보며 박탈감을 느끼기도 하고 좌절감을 경험하기도 한다. 나는 타인을 쳐다보기 전에 자신에게 그리고 아주 작은 것들에 먼저 감탄해야 한다고 말하고 싶다. 우리는 아주 작은 드립커피에 감탄하고, 딱정벌레에 놀라워해야 한다. 아침마다 뜨는 태양에 감탄하고, 겨울이 가면 봄이 온다는 경이로움을 알아야 한다. 어린이처럼 모든 것을 신기하게 바라보고 온전히 느끼는 것이 중요하다.

　위의 여섯 가지가 특별히 광고인에게만 적용된다고 생각하지는 않는다. 어떤 일이든, 위의 명제를 자신에게 대입한다면 더 큰 소명 의식으로 각자의 일을 완성할 수 있다.

　그리고 마지막으로 두 가지가 단어가 더 필요하다. "WHY"와 "WHERE"이다. 왜 내가 광고를 만들어야 할까, 라는 질문은 매우 중요하다. 왜 우리는 출근하기 싫은 월요일 아침 모닝콜의 알람을 끄면서 광고를 만들러 가야 하는 할까? 이 질문에 명확한 답을 찾았으면 좋겠다. 그다음은 우리가 만드는 광고를 통해서 어디에 도착하고 싶은지를 생각하는 것이다. 우리의 목적지, 우리가 최종적으로 도착해야 할 곳은 어디인가? 이 질문에 답할 수 있어야 광고는 엉뚱한 곳으로 향하지 않는다. 이유와 목적지 없이 광고를 만드는 일은 삽질에 불과하다는 것을 알아야 한다.

# 40

## 광고 일을 하다
## 슬럼프가 왔을 때

미국 유학 시절, 내 꿈은 던킨 도넛 커피 한 잔을 들고 뉴욕의 광고회사에 다니는 것이었다. 지금 생각해보면 한마디로 허세 가득한 꿈이었다. 막연히 전 세계에서 가장 크리에이티브한 곳이 뉴욕이라 생각했고, 그곳에서 광고 회사를 다니는 것을 최고라고 생각했다. '뉴욕의 광고인'이라면 너무나 창의적인 삶을 살 거라 믿었다. 하지만 결과적으로 나는 그 꿈을 이루지 못하고 한국으로 돌아왔다.

광고인에 대한 환상이 있었다. 어쩌면 그 환상이 지금의 나를 만든 것일지도 모른다. 힘들어도 광고만큼 창의적인 역량을 펼칠 만한 곳은 없다고 믿었다. 그래서 지금까지 큰 슬럼프 없이 잘 버텨왔는지 모르겠다.

창업 후 지금까지 슬럼프를 거의 가져본 적이 없다. 머리를 좀 식혀야겠다든지 풀리지 않는 문제에서 조금 떨어져야겠다고 생각한 적은 종종 있었지만 거의 큰 위기(마음의) 없이 지금까지 잘 버텨왔다.

이번 글에서는 내가 지금까지 어떻게 마음 관리(나아가 슬럼프 관리)를 해왔는지 말하고자 한다. 나의 경험이 독자분들에게 도움이 될 수 있을까 하고 한 번 정리해보았다.

첫 번째, 슬럼프라는 것은 열심히 일했다는 것의 증거임을 잊지 말자. 노력하지 않은 사람은 슬럼프에 빠질 일도 없다. 집 밖으로 나가지 않았기 때문에 어떠한 웅덩이조차도 만나지 못했다. 치열하게 고민하고 뛰어다닌 사람이 순간의 실수로 빠지는 웅덩이가 슬럼프다. 그러니 광고일을 하다 슬럼프를 만나게 되면, 우선적으로 자기 자신을 돌보는 일부터 해야 한다. 쉼 없이 도전했다는 증거이기 때문이다.

두 번째, 내가 머물렀던 박스 밖으로 나가야 한다. 이때 중요한 것은 생각은 물론이고 육체도 박스를 벗어나야 한다는 사실이다. 나에게 문제의 박스는 회사 대표실이다. 나는 그곳에서 언제나 고민에 잠겨 있다. 광고주가 의뢰한 문제, 직원들 문제, 회사 문제 등 문제와 씨름하는 곳이 대표실의 내 자리다. 고민으로 익숙하던 자리라 그곳에서는 아무리 유튜브를 보고 넷플릭스를 봐도 자유로운 마음이 들지 않는다. 그래서 나는 가끔 박스를 벗어나고자 극장으로 간다. 오후 6시쯤이나 혹은 그 이후 시간에 하는 영화를 본다. 그러면 광고주로부터 전화를 받을 일도 없다. 마음 놓고 편히 쉴 수 있다.

대표라는 직책은 아무래도 평가받는 것에 대한 두려움이 있다. 광고 기획, 광고 카피, 브랜드 문제에 대한 솔루션 제안 등 아이디어를 제안하게 되면 반드시 평가라는 과정을 만난다. 나는 늘 평가받는 사람이라고 생각하지만, 영화를 볼 때만큼은 그 반대가 된다. 14,000원이라는 돈만 내면 내가 평가자가 되어 영화를 볼 수 있다. 이처럼 나는 역할을 바꿔보는 식으로 슬럼프를 넘겼다.

세 번째, 토해낼 대상을 찾는 것이다. 누군가는 말한다. 문제를 내가 가지고 있으면 나의 문제이지만 누군가에게 털어놓으면 그의 몫이 된다고. 짐을 지우는 것을 말하는 것이 아니라 소통의 중요성을 말하는 것이다. 실제로 나는 누군가에게 내 고민을 말하고 그와 대화를 나누면 갖고 있던 고민이 반이 되는 것 같다. 누군가에게 털어놓는 순간, 문제는 더 이상 나만 아는 문제가 아니다. 그렇게 마음 밖으로 슬럼프를 끄집어내면 여유 공간이 만들어진다.

사람은 절대 타인의 문제를 자신의 문제만큼 심각하게 여기지 않는다. 내 일처럼 심각하게 들어주는 사람도 있지만, 대부분은 대수롭지 않게 듣는다. 그런 점이 나를 편안하게 만든다. 내 얘기를 들어주는 사람들 덕분에 나의 고민은 작아진다. 그러니 광고 일을 하다 슬럼프를 겪는다면 대화할 사람을 찾으라고 조언해주고 싶다. 그리고 운이 좋다면, 그 사람이 문제 해결 아이디어를 줄지도 모른다.

네 번째, 나의 흔적을 돌아보자. 슬럼프는 너무 미래만 바라보고 달렸기 때문에 생기는 것일 수도 있다. 몇 년 안에 무엇을 해야 하고 또 해야 한다는 생각이 나를 얽매고 있을지도 모른다. 그러니 가끔은 가던 길을 멈추고 내가 걸어온 길을 돌아봐야 한다. 그러다 형용할 수 없을 정도의 감사함을 느끼면 된다.

창업 초반, 나는 문전박대의 대상이었다. 광고 영업을

나가면 늘 쫓겨나는 사람이었다. 그게 싫어 광고제에서 상을 받으려 죽어라 노력했고 언론에도 나오려고 애를 많이 썼다. 그리고 더 많이 광고를 만들고 더 많이 공부했다. 그러면서 책도 썼다. 또 온라인 강의 플랫폼의 콘텐츠 마케팅 부분에서 top 3 강사가 되기도 했다. 때로는 내가 가진 실력에 비해 너무 많이 부풀려졌구나, 하는 두려움도 살짝 덤처럼 얹혀진다.

미래의 목표만 바라보다 잠시 멈춰 이런 사실을 돌아보면 감사한 마음이 분출한다. 슬럼프에 빠져 허우적거리고 있는 내 모습은 사치일 뿐이다. 다시 한번 운동화 끈을 질끈 묶고 뛰어보자. 열심히만 하면 된다는 것을 증명했던 지난 시간이었다. 앞으로도 그럴 것이라 믿는다. 힘들지만 굴러가는 것을 멈추지만 않으면 기하급수적으로 커지는 것이 스노우볼이다. 중요한 것은 멈추지 않는 것이다. 처음에는 피부에 와 닿지 않았지만 지금은 확실히 깨닫고 있다.

# 41

# 포기하지 않고
# 임계점에 도달하는 방법

(1)

'1억 연봉 달성하기' '책 100권 읽기' '피트니스 등록하기' 요즘 SNS 등에서 심심찮게 발견하는 목표 혹은 결심이다. 우리는 늘 결심과 포기를 반복하는 삶을 산다. 그래서 SNS로 이를 타인에게 밝히고 결심을 다지는 사람도 많다.

회사 대표 역시 마찬가지다. 1월 2일(시무식)이 되면 직원들을 불러 놓고 "올해 어떤 걸 이루어보자"라며 결기에 가득 찬 말을 내뱉는다. 직원들은 새해 벽두부터 짜증 나 죽겠다는 표정을 짓지만, 대표는 혼자 싱글벙글 그들과 눈을 마주친다. 그런데 어렵사리 잡은 목표와 생각은 대략 2월 중순쯤 되면 언제 그런 선언이 있었느냐는 듯 잊어버린다. 어쩌면 잊어버린다기보다 포기한다고 말하는 것이 더 맞을지도 모르겠다. 그렇다면, 절대 포기하지 않는 방법은 없을까?

첫 번째, 실패할 수 없는 목표를 설정하는 것이다. 작은 목표를 세우는 것이다. '아침에 눈 뜨자마자 물 한 잔 마시기' '하루 독서 10분'과 같이 아주 쉽게 이룰 수 있는 것들로 계획을 채운다. 큰 힘을 들이지 않고 이룰 수 있는 목표라면 자연스럽게 몰입감이 생긴다. 성취감은 덤이다. 작은 성취를 조금씩 맛보다 보면 자신감이 생긴다. 이렇게 작은 것을 이루다 보면 '조금 더 목표를 상향해볼까?'라는 생각도 든다. 하루 10분 독서가 15분으로 바뀌고 20분, 30분으로 느는 것이다.

처음부터 과한 목표 설정은 금물이다. 사람은 성과가 보이지 않으면 금방 포기하는 동물이다. 성과가 나타나지 않는 동안 온갖 부정적인 생각이 사람을 괴롭힌다. '네가 무슨 다이어트냐. 어서 퇴근해서 짜장면 곱빼기에 탕수육이나 시켜라'라면서 포기를 종용한다. 서랍 속 쿠폰까지도 떠오른다. 어떤 일이든 해야 할 이유보다 안 해야 할 이유가 12.7배 더 많다.

위대한 목표에는 늘 저항이 따른다. 목표에 힘이 있다는 말이다. 거슬러 올라가려는 것에는 저항과 마찰이 발생한다. 대부분 사람은 저항에 부딪혀 포기하고 만다.

두 번째, 마인드셋의 설정이다. 목표를 세울 때 성공과 실패 두 단어만 머릿속에 가득하다. 이분법적인 사고는 늘 사람을 제한한다. 생각을 제한하고 꿈을 한정 짓는다. 목표에는 성공과 실패만 있는 것은 아니다. 이루어지는 과정인 'ing'도 존재한다. '○○를 이루어 가는 중' '○○가 되어 가는 중' 이렇게 생각하면 포기하지 않게 된다. "공무원 시험 합격 준비 중이야" "취업에 성공하는 중이야". 마인드셋을 이렇게 가져가면 우리에게는 여전히 많은 가능성이 있음을 알게 된다.

세 번째, 상상력이다. 이미 그것을 이루었다고 상상하는 것이다. '나는 이미 부를 이루었다'라고 생각하면 정말 부자처럼 행동하게 된다. 부자는 자기 자신에게 투자하는 것에 인색하지 않다는 걸 알게 되고 그것을 실천한다. 아끼고 아껴서 발전도 없는 악순환이 아니라 자신에게 투자해서 더 발전하는 선순환을 만든다. 다만 아무것도 보이지는 않는 상태에서 무턱대고 투자하기는 어렵다.

영화 『마스터』에서 진회장 역을 맡은 이병헌의 대사 중에 이런 말이 있다. "일본에서는 로또에 당첨되어도 세금을 떼지 않는데. 꿈에는 세금을 매길 수 없다는 거지. 꿈에는 세금이 없다." 비록 사기꾼 캐릭터였지만 나는 이 대사가 인상 깊다. 상상에는 돈이 들지 않는다. 구체적으로, 선명하게 상상할수록 행동이 달라진다. 목표를 정했다면 이미 그것을 이룬 것처럼 행동하자. 그리고 자신에 대한 투자는 현실이라 생각하자.


(2)

잘 되기 전에 포기하는 사람이 있다. '조금 해봤더니 안되네' '역시 해도 안 되는구나'라며 자책하는 사람이다. 그러다 다른 일을 찾아본다. 그곳에서도 역시 비슷한 상황을 겪고는 또 안 된다고 포기한다. 시작하고 포기하는 일을 반복한다.

나는 '임계점'이라는 단어를 몸으로 배웠다. 직접 창업의 과정을 거치며 경험해 본 말이다. 광고회사를 만들고

5년까지는 오늘 망하든 내일 망하든 이상할 것이 없었다. 모든 스타트업이 그렇듯 나 역시 시한부 인생을 살고 있었다. 중요한 것은 정말 망할지도 모르는 그 시기를 어떻게 견디고 보내느냐였다. "망할 때 망하더라도 광고나 실컷 만들어보고 죽자." 나는 이런 생각으로 버텼다. 일이 없어도, 의뢰가 없어도 계속해서 광고를 만들었다. 의뢰하는 광고주가 없어도 아이디어 박스에 있는 스케치 안을 꺼내 광고를 만들었다. 결과적으로 습작이었지만 나중에 큰 자산이 되었다. 일을 굉장히 많이 한 회사처럼 보였던 것이다. 일이 없을 때 일을 만들어서 한 덕분이었다. 실력 향상은 덤으로 따라왔다.

'포기할까?' 이런 생각이 괴롭힐 때도 있었다. 포기하면 당장은 편하다. 도전해본 것이 어디냐고 위안을 삼을 수도 있다. 하지만 그렇게 하지 않고 5년을 버텼다. 그 후 상황은 완전히 달라졌다. 5년 동안 이렇게 저렇게 친분을 익혀둔 광고주들이 다시 우리 회사를 찾아주었다. 우리가 만든 광고들이 소문이 나면서 새로운 광고주도 나타났다. 그렇게 버티고 버티니 조금씩 이름도 나기 시작했다.

"이거 너희가 만든 광고지?" 왠지 너희 회사 스타일이라며 지인들이 전화를 주기 시작했다. 그런 전화가 더욱 잦아졌다. 자연스럽게 영업 걱정을 덜게 되었다. 5년 전에 포기했다면 누릴 수 없는 영광이었다. 책 페이지를 끝까지 넘겨보지 않으면 만날 수 없는 결말이었다.

광고주가 찾아오기 시작하더니 까치도 우리를 찾아왔다. 어느 날인가부터 나뭇가지를 입에 물고 찾아오더니 우리 회사 간판 위에 둥지를 짓기 시작했다. 처음에는 가능한가 싶었다. 간판 면적이 좁고 빌딩 사이의 바람도 무척 강한데, 나뭇가지 몇 개로 버틸 수가 있나 싶었다. 그런데 웬걸, 아름다운 곡선의 집이 지어졌다. '저게 되는구나'라는 깨달음을 주는 순간이었다.

그리고 며칠 뒤 까치 집 아래의 1층 바닥에서 무수히 많은 나뭇가지가 떨어져 있는 것을 발견했다. 둥지를 짓다가 떨어뜨린 나뭇가지였다. 바닥에 떨어진 수많은 나뭇가지를 보고는 뭉클하지 않을 수 없었다. 까치는 수없이 많은 실패를 거듭하며 하나하나 쌓아올려 제 집을 만들었다. 임계점에 도달할 때까지 말이다. 부끄러웠다. 까치도 저렇게 눈에 보이지 않는 임계점을 쫓고 있는데 우리는 너무 쉽게 포기해버리는 것은 아닐까, 하는 생각이 들었다.

인사이트(통찰이라는 뜻)라는 단어를 좋아한다. in(안)과 sight(보다)라는 뜻인데, 보이지 않는 것을 볼 수 있는 능력을 뜻한다. 우리 삶에 있어서 인사이트가 얼마나 중요한지 매일 깨닫는다. 혹시 '인사이트는 타고나는 거지' '나는 지식이 부족해 인사이트가 없어'라고 생각하는 분이 있다면 임계점에 도달하는 수준까지 연습이든 실전이든 계속할 필요가 있다. 나도 그랬지만 하다 보면 몸으로 터득하는 시점이 온다.

자신이 부족하다고 생각한다면 무엇이든 시작해야 한

다. 그리고 나이키의 슬로건처럼 그것을 계속해나가야 한
다. 임계점을 만나야 새로운 차원이 펼쳐진다.

# 42

# 창업 10년 차 생존 비결

5년이 지나니 10명 중 8명이 죽고, 10년이 지나니 10명 중 9명이 죽었다. 온라인 게임 이야기가 아니다. 창업 생태계의 이야기다. 창업 후 5년 이상을 넘기는 기업이 흔치 않다. 10년 후에도 폐업하지 않았다면 그는 아주 럭키한 사람이다. 운이 좋게도 내가 그 럭키한 사람 중 한 명이다. 3년만 버텨보자는 생각으로 창업했다가 10년까지 가게 되었다.

나는 2013년 7월 22일 창업했고, 작년 2023년 딱 10년을 맞이했다. 그러나 막상 그날이 되니 별다른 감흥은 없었다. 그날조차도 일에 치여 하루를 보냈다. 직원들과 계획한 남해 여행도 연기하고 여느 때처럼 일을 했다. 점심 후 조촐하게나마 케익 하나를 사서 직원들과 나눠 먹은 게 전부였다.

부끄럽지만 이번 글에서는 지난 10년 동안 살아남았던 나의 비결(?)을 한 번 정리해보고자 한다. 20년, 30년 혹은 그 이상의 시간 한가지 업을 이어가는 선배 창업가들도 많겠지만, 10년 차 첫 타이틀을 쓴 감동으로 감히 한 번 정리해보겠다. 어떻게 하면 한 회사(브랜드)가 10년을 갈 수 있을까? 광고인으로서 창업을 준비하는 분들이나 이미 창업가 대열에 있는 분들에게 도움이 되는 얘기였으면 좋겠다.

**창업 후 3년** 나름 똑똑한 줄 알았던 자신이 멍청하다는 것을 깨닫는 시기이다. 하지만 꼭 필요한 시기이다. 스마트함과 어리바리함이 공존한다. 열정과 우울이 함께 하는 시기이기도 하다. 이때의 가장 큰 무기는 열정이다. 하지만 열정이라는 단어는 매우 진부하다. 창업 초반은 이 진부한 단어 때문에 버틴다고 봐야 한다. 밤을 새우는 건 부지기수이고 주말은 평일과 다르지 않다. 물이 끓어오르려면 100도가 되어야 하는데 모든 스타트업은 0도에서 시작한다. 그러니 얼마나 많은 에너지가 응축되어야 하겠는가.

나는 유튜브에서 생존 게임을 보는 것을 즐긴다. 아마 아마존 정글에 떨어져 힘들게 살아남는 사람들을 보면서 창업은 상대적으로 쉬운 것이라 최면을 걸기 위한 것일지도 모르겠다. 정글에 떨어진 생존자는 불을 얻기 위해 부단한 노력을 한다. 현실에서는 버튼 하나면 해결될 문제가 정글에서는 너무 힘들다. 창업도 마찬가지다. 라이터는 없다. 오직 나 스스로 불을 피워야 한다. 그러니 창업하고 3년까지는 힘들 수밖에 없다.

**창업 3년~7년** 대부분의 스타트업이 이 기간에 데스밸리(죽음의 계곡)를 만난다. 내가 본 많은 스타트업들이 계곡을 넘지 못하고 죽어나갔다. 그런데 역으로 생각해보면 이 시기를 어떻게든 버텨내면 조금 길게 갈 수 있다는 말이 된다. 우리는 이 시기를 넘기기 위해 의뢰가 들어오지 않아도 광고를 만들었다. 단 한 시간도 허투루 보내지 않았다.

광고들이 쌓이니 광고를 만들기 위해 냈던 아이디어와 전략을 글로도 옮기기 시작했고, 책도 냈다. 그때 쓴 책이

『광고인의 생각 훔치기』이다. '광고인'이라는 키워드 때문인지 예비 혹은 현업 광고인들 사이에 많이 팔렸고 베스트셀러에 오르기도 했다. 뭐라도 하다 보니, 뭐라도 된 것이었다. 창업자에게 시간은 돈보다 중요하다. 그 시간을 허투루 보내게 되면 죽음의 계곡을 건너지 못한다.

**7년차~10년** 그동안 고생했던 것들이 빛을 보는 시기이다. 그러면서 자연스럽게 회사는 브랜딩이 되어 간다. 이때 "어떤 광고를 봤는데 여기 회사 광고 같더라"라는 소리를 자주 들었다. 회사의 고유한 이미지가 확립되는 시기였다. 이름이 조금씩 알려지자, 온라인 교육 플랫폼 같은 곳에서도 제안이 오기 시작했다. 스타트업 교육 회사는 물론이고 한국능률협회 같은 곳에서도 강의 요청이 들어왔다. 감사한 제안이었다. 노하우를 공유하면서 돈도 벌고 회사 홍보도 할 기회였다. 그러면서 대구에서만 기반이 있던 회사가 서울을 비롯해 전국으로 이름이 알려지기 시작했다.

"김소장, 무엇이든 20년은 해야 전문가 명함을 내밀 자격이 생기는 거야" 한 번은 우리나라 성과관리 분야의 권위자인 류랑도 박사님과 통화를 나눌 기회가 있었다. 근데 저 말을 듣고는 한숨이 나왔다. 이제 좀 뭘 아는 10년 차가 되는가 했는데, 다시 10년을 더 해야 한다니.

한 눈 팔지 않고 다시금 초심으로 돌아가게 하는 따끔한 충고였다. 많은 창업가가 10년 차 정도가 되면 일에 관성이 생겨 초심을 잃고서 마냥 루즈해진다. 지금 일이 지루하거나 재미가 없다고 느끼고는 좀 더 돈이 될 만한 다른 일을 찾아 나서기도 한다. 하지만 나는 그런 결정을 한 선배들의 성공 케이스를 단 한 번도 본 적이 없다. 이미 10년이나 쌓은 내공을 왜 버린단 말인가?

어쨌든 이것이 내가 10년을 버틸 수 있었던 비결 아닌 비결이다. 사실 그 원동력에는 실력은 기본이고, 다른 것들이 더 많은 영향력을 주었다. 운이나 멘탈 같은 것 말이다. 일을 하면 할수록 운이 얼마나 중요한지, 예상치 못한 일을 넘길 때의 멘탈이 얼마나 중요한지 지금도 깨닫는다. 언젠가 한 번 기회가 된다면, 운과 멘탈에 대한 내 생각을 정리해보고 싶다. 그때까지는 어떻게든 지금처럼 잘 살고 있어야 한다.

# 43

## 그러면서 광고인이 된다

당신은 광고인이다. 오늘 아침에 일어나서 문자 메시지의 답장을 쓴다. 어떤 답을 할까 고민하며 카피라이터가 된다. 옷장을 열며 어떤 컬러의 옷을 입을까 고민한다. 그러면서 디자이너가 된다. 현관을 나서며 일정을 체크한다. 오전과 오후 할 일을 체크하고 하루를 기획한다. 이제 기획자가 될 타이밍이다. 의사이든, 사무직이든, 예술가든 누구나 매일 광고인이 된다. 그렇다면 궁금해진다. 직업인으로서 광고인이 된다면 어떤 점이 좋을까? 광고인이 가진 축복은 무엇일까?

첫째, 나보다 뛰어난 사람을 만날 수 있다. 자수성가한 기업의 회장님, 맨손으로 시작해 수백 억 원의 매출을 일으킨 중소기업 대표님, 어렵게 사법고시를 통과한 변호사, 세상에 없던 아이템을 개발해 특허권을 따낸 스타트업 대표 등이다. 모두 그 자리에 오르기까지 엄청난 내공을 쌓은 분들이다. 광고인의 매력은 이런 분들을 직접 뵙고 이야기를 나눌 수 있다는 것이다.

나는 장담한다. 광고회사를 하며 내가 만난 회장님, 대표님을 통해서 나 스스로 더 성장했다는 것을. 사람에게는 스폰지와 같은 기능이 탑재되어 있다. 뛰어난 사람을 만나면 어느새 자신도 그것을 흡수한다. 사람에게 환경이 중요하다고 하는 이유가 이 때문이다.

둘째, 흔적을 남길 수 있다. 대구에서 10년 넘게 광고 일을 하며 참 많은 광고를 만들었다. 그랬더니 서울로 출장을 다녀온 후 동대구역에 내리면 내(우리)가 만든 광고가 붙은 택시가 나를 기다린다. 그리고 고개를 돌려 전광판을 보면 내(우리)가 만든 동영상도 나온다. 이런 기쁨은 대구에만 국한되지 않는다. 이제는 서울부터 제주까지 전국 곳곳에서 볼 수 있다. 나는 나의 흔적을 세상에 남겨두었다.

나는 사람들과 이야기하는 것을 좋아한다. 내가 만든 광고는 나 대신 사람들과 이야기 한다.

셋째, 한계가 없다. 규칙 안에서 틀 안에서 규정 안에서 해야 하는 일이 있다. 하지만 광고에는 그런 규칙이 없다. 과거에 그랬으니 지금도 그래야 한다는 법도 없다. 물론 9시에 출근하고 때로는 야근을 해야 하는 것은 똑같다. 하지만 생각만큼은 자유롭다. 자유로워야 좋은 광고를 만들 수 있다. 오전에는 뉴욕의 자유의 여신상 횃불 아래에서 피자를 먹다가 오후에는 대만에서 우육면를 맛볼 수 있다. 상상으로도 말이다. 규칙과 관념에서 벗어난 생각을 하다 보면 아이디어가 뽕 하고 떠오른다.

글을 쓰다 보니 빛나는 점만 적었다. 물론, 광고인이란 직업의 부정적인 면도 수두룩하다. 하지만 그것보다는 내가 경험한 축복 위주로 써보았다. 그리고 한 가지 더 덧붙이고 싶은 얘기는 이 경험을 꼭 광고인만 하는 것은 아니라는 것이다.

꼭 광고인만 빛나는 모험을 할 수 있는 것은 아니다. 이미 여러분은 여러분 자리에서 오늘 하루를 광고인처럼 살고 있는지 모른다.

# 에필로그

책을 쓰면 찾아오는 기쁨이 있다. 누군가의 삶에 조금이라도 영향을 끼쳤다는 감정이다.

이 시간 '사람 김종섭'은 누군가와 만나 광고 일을 논하고 있겠지만, '책 김종섭'은 당신과 대화하고 있다. 당신이 하는 일에 책이 좋은 영향을 끼쳤으면 한다. 나 혼자만의 감정이 아니라 당신이 인정하는 사실이 되었으면 한다.

내가 느낀 광고에 대해 가감 없이 썼다. 그럼에도 다음 세 가지가 잘 전달되었는지 모르겠다.

첫째는 기술이다. 광고를 잘 만드는 기술만 있어도 비

즈니스의 상황은 달라진다. 음치인 사람이 보컬 트레이닝을 잠시만 받아도 음치를 탈출하고, 악필을 가진 사람이 몇 가지 획의 글씨 교정만으로도 서체가 좋아진다. 이 책이 그랬으면 좋겠다. 광고라는 주제가 너무 광범위해 모든 영역을 환히 밝히긴 어렵겠지만, 어두운 바다의 한 줄기 빛처럼 길잡이가 되었으면 좋겠다.

둘째는 마음이다. 광고 일을 할수록 중요한 건 멘탈이라는 생각이 든다. 자신 없는 기획안의 발표를 마치고 난 뒤의 10초는 마치 10년과 같다. 시간과 중력이 멈추는 것 같다. 마주하는 광고주의 얼굴은 말 그대로 평가지이다. 평가는 고통스럽다. 그래도 그 상황을 극복할 수 있다는 생각으로 일해야 한다. 광고인은 그래야 한다.

셋째는 철학이다. 기술과 멘탈이 뛰어나도 철학이 없으면 실패한다. 사실 우리가 사랑하는 많은 브랜드가 철학 덕분에 유지될 수 있었다. '모든 사람이 운동선수다'라는 철학 없이 나이키가 유지될 수 있었을까? '책은 사람을 만들고 사람은 책을 만든다'라는 철학 없이 교보문고가 존재할 수 있었을까? 초창기 맥도널드는 메뉴판에 스폰서의 브랜드조차 명시하지 못하게 했다. 햄버거가 아닌 광고로 돈을 버는 것은 자신의 철학을 어기는 것이라고 생각했기 때문이다.

훌륭한 광고 기술과 강인한 멘탈 그리고 타협하지 않는 철학을 당신이 갖췄었으면 좋겠다. 그러면 정말 남부럽지 않은 최고의 광고인이 될 것이다.

이번이 나의 세 번째 책이다. 매번 책의 에필로그를 쓸 때마다 손가락이 무뎌진다. 혹시나 깜박하고 감사한 사람의 이름을 빼먹지 않을까 조심스러워진다. 책을 여러 권 쓰신 선배님께 조언을 구했는데, 가장 좋은 방법은 모두 나열하는 것이 아니라 단 한 사람의 이름도 거론하지 않는 것이라는 우문현답을 주었다. 새 책이 나온 것을 빌미로 그동안 못다 한 연락을 드려야겠다.

그럼에도 이 책이 나올 수 있도록 도움을 준 빅아이디어연구소의 직원들과 언제나 배려 깊은 내조를 해주는 아내 그리고 미래의 메이저리거 아들 수현이에게는 꼭 감사 인사를 하고 싶다.

책을 쓰는 내내 비즈니스를 하며 힘들어 하는 분들의 고된 얼굴을 떠올렸다. 마지막은 문장은 그분들에게 전하는 메시지로 마치려 한다.

"연은 순풍이 아니라 역풍에 가장 높이 난다."

– 윈스턴 처칠

에필로그

# 기획력이 쑥 커집니다
: 광고 기획자의 습관

**초판 1쇄 발행** 2024년 7월 22일

**지은이** 김종섭

**펴낸이** 이승현
**디자인** 스튜디오 페이지엔

**펴낸곳** 좋은습관연구소
**출판신고** 2023년 5월 16일 제 2023-000097호

**이메일** buildhabits@naver.com
**홈페이지** buildhabits.kr

**ISBN** 979-11-93639-15-3 (13320)

좋은습관연구소에서는 누구의 글이든 한 권의 책으로 정리할 수 있게 도움을 드리고 있습니다. 메일로 문의주세요.